성 차 별 깨 뜨 리 기 일 곱 마 당

세상의 절반,
여성 이야기

성 차 별 깨 뜨 리 기 일 곱 마 당

세상의 절반,
여성 이야기

1993년 5월 6일 1판 1쇄
2009년 6월 11일 1판 35쇄
2019년 4월 19일 2판 8쇄

엮은이 우리교육 출판부
그린이 김혜연
펴낸이 신명철
펴낸곳 (주)우리교육
등록 제 313-2001-52호
주소 03993 서울특별시 마포구 월드컵북로 6길 46
전화 02-3142-6770
팩스 02-3142-6772
홈페이지 www.uriedu.co.kr

* 이 책의 내용을 쓰고자 할 때는 저작권자와 출판사의 허락을 받아야 합니다.
* 잘못된 책은 바꾸어 드립니다.
* 책값은 뒤표지에 있습니다.

ⓒ 우리교육 출판부, 1993
ISBN 978-89-8040-935-8 43330

이 도서의 국립중앙도서관 출판시도서목록(CIP)은 e-CIP 홈페이지(http://www.nl.go.kr/ecip)에서
이용하실 수 있습니다.(CIP 제어번호:CIP2010002887)

성 차 별 깨 뜨 리 기 일 곱 마 당

세상의 절반,
여성 이야기

우리교육 출판부 엮음

우리교육

* 법률 조항과 단체 명의 경우는 어문 규범에 따른 띄어쓰기를 적용하지 않았습니다.

우리는 하늘의 절반, 세상의 절반! 딸들아, 일어나라, 깨어라!

총여학생회

    대학 진입로에 걸린 그 현수막 앞에서, 스무 살의 나는 걸음을 멈추고 오랫동안 서 있었다. 하늘의 절반, 세상의 절반! 참으로 가슴 뛰는 선언이었다. 그 이후 나는 성차별 문제를 다루는 강의를 일부러 찾아 듣고 페미니즘 소설과 영화라면 빠뜨리지 않고 찾아서 감상하는 여학생이 되었다.

    내가 대학을 다니던 시대, 그러니까 8, 90년대 남학생들은 성모순에 대하여 별다른 문제의식이 없었다. 내가 요리나 빨래에 서툰 모습을 보이면, 그들은 스스럼없이 "시집가서 살림을 어떻게 살려고 그런 것도 못 하니?"라고 퉁을 놓았다. '네가 나중에 뭘 하든 네 본질적 의무는 결혼하여 가사를 책임지는 것'이라는 의미가 강하게 내포된 말이다. 여학생들 역시 모두가 페미니스트였던 것은 아니다. 상당수 여학생들이 자기가 여자라는 사실을 망각하고 남자의 눈으로 세상을 바라보며 페미니즘과 페미니스트를 백안시했다. 물론 그런 여학생들도 취업과 결혼이라는, 자신이 여자임을 뼈아프게 깨달을 수밖에 없는 현실에 부닥치면 여지없이 당황하곤 했다.

나는 언론정보학과 동기생들과 함께 언론사 입사 시험을 준비했는데, 언론사에 취업한 선배들한테서 '여자는 1등 한 명만 뽑는다' '15명을 채용할 경우, 2등 한 여자보다는 16등 한 남자를 뽑는다' 는 이야기를 들었다. 1등을 하지 못했기에, 혹은 알지 못할 다른 이유로, 나는 번번이 언론사 입사에 실패했다. 그 막막하고 황량하던 취업 준비생 시절, 내가 하던 몇 개의 아르바이트 중에《세상의 절반, 여성 이야기》의 윤문·교정 작업도 있었다. 내가 가진 문제의식을 고스란히 담아낸 책이었던지라, 오로지 생활비를 벌기 위해 했던 다른 아르바이트와 달리, 기쁘게 또 보람 있게 일했던 기억이 난다.

그로부터 17년 후, 우리교육 출판사로부터《세상의 절반, 여성 이야기》의 개정 작업을 함께해 보자는 제의를 받았다. 나는 인연의 소중함과 무서움을 가슴에 새기며, 17년 전의 내 처지와 크게 다를 바 없어 더욱 애처로우면서도 한없이 사랑스러운 졸업반 제자 여섯 명을 모아 '세상의 절반' 이라는 이름으로 팀을 꾸렸다.

'세상의 절반' 팀은 우선 책을 꼼꼼히 읽고 분석한 다음, 오늘의 현실과 비교·분석해 보았다. 우리는 책에 나온 성차별적 사회 분위기와 사례들이 많은 부분, 오늘날에도 유효하다는 사실을 확인하고 놀라움과 안타까움을 동시에 느꼈다. 인터넷의 대중화로 인해 페미니스트와 여성부에 대한 마녀사냥, 왜곡과 오해에 기반을 둔 여성 혐오주의가 더욱 심해지고 심지어는 조직화 경향을 보인다는 절망적인 얘기도 나왔다. 잊을 만하면 터지는 소위 사회 지도층 인사들의 성차별 망언 또한 우리가 살고 있는 시대가 20세기인지 21세기인지 헷갈리게 했다.

하지만 달리 생각해 보면, 호주제 폐지와 같은 제도적 진보도 있었고, 남아 선호 사상이 확연히 옅어지는 정신적 진보도 있었다. 가정, 학교, 직장 등 사회생활의 모든 국면에서 양성평등의 분위기가 서서히, 그러나 굳건한 대세로 자리 잡고 있다는 것도 부인할 수 없는 사실이다.

'세상의 절반' 팀이 개정판에 담아내고자 노력한 부분은, 바로 이러한 크고 작은 변화들이다. 이를테면, 요즘처럼 두 자녀 아니면 외동을 키우는 가정에서 아들을 뒷바라지하기 위해 딸을 희생시키는 풍경은 웬만해선 찾아보기 힘들다. '여성 1호'를 내세우던 각종 전문직 분야에서 '여풍'이 분다는 소식은 이제 뉴스거리도 안 된다. 문학과 대중 매체 속의 여성들도 훨씬 더 다양해지고 삶에 대해 적극적인 자세를 보이며, 성 문화나 연애, 결혼 문화에서 여성들의 주체성이 과거에 비해 높아졌음은 말할 것도 없다. 그러나 외모 지상주의나 성 상품화 현상은 더욱 노골화되기도 했고, 여성 노동자의 육아 문제, 성희롱·성폭력 문제, 가난의 여성화, 여성 노동의 비정규직화 문제 등은 우리 사회 전체가 지혜를 모아야 할 화두로 대두했다.

우리는 이러한 변화의 지점들을 최대한 반영하기 위해 다양한 신문, 잡지, 논문, 보고서, 책자 등을 참조했다. 오래된 통계나 인용문은 시의적절한 것으로 교체했으며, 낡은 예화들도 팀원들의 체험과 취재에 기초하여 새로운 것으로 바꾸었다. 4부 '우리는 세상의 절반'에 실린 꽁트와 마당극, 새로 쓴 동화를 통해서도 오늘을 담아내고, 좀 더 발전적인 내일을 꿈꾸고자 했다. 또한 출판사에서는 젊은 일러스트레이터 김혜연 작가에게 일러스트를 의뢰해 본문의 내용을 살리고 생기를 더할 수 있도록 했다. 덕분에 책의 모양새와 가독성이 괄목상대하게 좋아졌다고 자부한다.

개정 작업을 진행하며 우리가 얻은 가장 큰 수확은 물론 새로 고쳐 쓴 이 책, 그 자체이다. 그 다음으로 우리가 얻은 또 하나의 값진 수확은, 크든 작든 현실을 변화시키는 힘은 우리 스스로 우리가 몸담은 사회의 모순에 대해 공부하고 끊임없이 그것을 문제 삼을 때에만 길러진다는 진실을 새삼 깨달았다는 것이다. 《세상의 절반, 여성 이야기》 개정판이 우리 사회 구성원 모두에게 이러한 문제의식을 일깨우는 한 계기가 될 수 있기를 간절히 바란다.

다시금 '세상의 절반' 팀원들(강원대학교 스토리텔링학과 4학년 안예림, 윤소담, 김민경, 정다은, 김수지, 유지희)에게 사랑과 감사를 보낸다. 언제 어디서나 세상의 절반으로 당당히 살아가기를……. '세상의 절반' 팀을 탄생시키고 무럭무럭 자라날 수 있도록 물과 양분을 듬뿍 보급해 준 우리교육 출판부에도 진심으로 감사의 마음을 전한다.

2010년 10월
박정애

차례

11

들어가는 글

쉽게 쓰는 이야기 여성사

대한민국에서 여학생으로 산다는 것

"우리 엄마는 친구들이랑 약속이 있는 날이면 꼭 저한테 아빠랑 오빠 밥을 차려 주라고 하세요. 제가 특별히 요리를 잘하는 것도 아닌데, 왜 늘 저한테 밥상을 차리라고 하는지 모르겠어요. 아빠랑 오빠는 밥상 차리면 안 되는 이유라도 있나요?"

"우리 아빠는 남동생이 늦게 들어오면 이유를 캐묻거나 야단치지 않으시면서 제가 조금이라도 늦게 들어오면 '여자애가 조심성 없이 어딜 그렇게 싸돌아다니니?' 하시며 노발대발하세요. '세상 무서운 줄 모르는 철없는 딸'이라고 걱정도 많으시죠. 제가 괜히 태어나서 부모님께 걱정만 끼쳐 드리나 싶기도 해요."

"우리 엄마는요. 제가 남자 친구 만나러 갈 때는 일찍 들어오라고만 하시면서, 남동생이 여자 친구 만나러 간다고 하면 용돈을 두둑하게 주세요. 남자는 돈 없으면 기죽는다면서요. 일찍 들어오란 말도 남동생한테는 안 하세요. 저도 돈 없으면 기죽고, 가끔은 늦게까지 놀고 싶은데……"

"제 꿈이 국민들한테 욕 안 먹고 칭찬 받는 훌륭한 국회의원이거든요. 그런데 어느 날, 주목 받는 여성 국회의원이 텔레비전에 나와서 정책 토론을 하더라고요. 눈을 동그랗게 뜨고 열심히 봤죠. 그때 소파에 누워 있던 우리 아빠가 뜬금없이 이렇게 말씀하시는 거예요. '그 여자, 말은 되게 잘하네. 근데 남편 밥은 차려 주고 나왔나?' 아니, 여자는 국회의원이 돼도 남편 밥을 제대로 차려 줘야 욕을 안 먹는 건가요?"

대한민국 여학생이라면 누구나 한 번쯤 경험해 봤을 법한 이야기들입니다. 어머니가 안 계실 때 밥상 차리는 일이 떠맡겨지거나, 상급 학교 진학, 진로 선택, 용돈, 귀가 시간에 대해 남자 형제들과 차별을 받은 기억 말입니다. 이런 일들은 여러분의 어머니 세대에도 있었고, 할머니 세대에도 있었습니다. 물론 여러분이 겪은 것보다 훨씬 더 노골적이고 혹독한 형태였지요.

시집가는 여자 – '시집'으로 가기

여성들이 어른이 된 후의 모습을 들여다볼까요?

여자들이 결혼하는 것을 흔히 시집간다고 하죠? '시집'은 여러분도 알다시피 '남편의 가정 및 거주지'를 의미합니다. 결혼해서 시부모님과 함께 사는 경우는 말 그대로 가족 곁을 떠나 '시집'으로 삶의 터전을 옮기는 것입니다. 시집을 가게 되면 갑자기 달라진 구성원과 생활 방식 때문에 갈등을 겪어야 하고, 불편한 것도 참으며 가사 노동을 떠맡게 되는 경우가 대부분입니다. 시부모님과 함께 생활하지 않는다고 해도 며느리는 친정 식구보다 시집 식구의 생활에 대해 경제적으로나 정신적으로 많은 책임감을 느끼게 됩니다. 집안에 큰일이라도 치를라치면 가장 많은 일을 떠맡게 됩니다. 누구나 즐거워야 할 명절에 여러분의 어머니나 결혼한 언니, 누나들이 싫은 내색을 하는 것을 많이 보았을 것입니다. 명절이 되면 결혼한 여자들은 시집으로 가서 남자들이 방에 앉아서 웃고 노는 동안, 죽어라고 부엌일을 합니다. 딸만 있는 집의 부모님은 오히려 명절을 쓸쓸히 보냅니다.

아직도 결혼한 아들의 집에서는 당당하면서, 결혼한 딸의 집에서는 눈치를 보는 부모님이 많이 계십니다. 아들이나 며느리가 주는 생활비는 당연하게 여기면서, 딸이나 사위가 주는 용돈은 적은 액수일지라도 아주 고마워합니다. 이 모습들이 우리가 쉽게 보고 듣는 결혼한 여성의 사는 모습입니다.

'시집가는' 풍속은 아주 오래전부터 있어 왔고 모든 여자가 앞으로도 그래야만 할 것처럼 보이기도 합니다. 그래서 많은 여성들이 '시집가지 않겠다'는 말을 하지요. 그러나 사랑하는 남성과 함께 살기 위해서, 또는 일반적인 삶을 살아가기 위해서는 시집가는 수밖에 없으므로 대개의 여성들은 힘든 생활을 감수하게 됩니다.

장가가는 남자 - 장인 장모의 집으로 가기

'시집가기' 풍속은 까마득한 옛날부터 있어 왔고 앞으로도 쉽게 변하기 어려울 것입니다. 책이나 영화에서 옛날의 혹독한 시집살이를 많이 보고 들어서 아주 긴 세월 동안 지켜 온 일 같죠? 그러나 시집으로 가는 풍속이 우리나라에 널리 퍼진 것이 지금으로부터 고작 200년 전이었다는 사실을 알면 여러분은 무척 놀라겠죠? 물론 양반들은 훨씬 먼저 이 풍속을 만들고 백성들에게 지킬 것을 강요했지만, 모든 백성들이 따라 하게 된 것은 우리나라 역사 중에서 아주 짧은 기간에만 있었던 일입니다. 물론 남자가 여자에 비해 사회와 집안에서 중요한 지위를 차지하고, 여자가 남자에게 순종해야 했던 세월은 훨씬 길지만요.

그러나 여자가 '시집으로 간' 것이 아니라 남자가 장인 장모의 집으로 '장가를 간' 시절도 있었습니다. 고려 시대까지는 결혼한 딸과 사위, 그리고 외손자를 포함하는 가족, 즉 사위의 입장에서 보면 장인 장모를 포함하는 가족이 이상형이었습니다. 지금도 흔히 쓰고 있는 '장가간다'는 말은 옛날의 그 풍습에서 나온 것입니다. 이러한 제도는 조선 후기에 와서야 완전히 바뀌었지만 그 흔적은 아직도 남아 있습니다. 신랑이 혼례를 치르고 난 뒤 신부 집으로 가서('초행'이라고 합니다) 3일을 지내고 함께 시집으로 가는 풍습이 그것입니다. 얼마 전까지만 해도 가문이나 지역에 따라서 석 달, 때로는 해를 넘겨 '달묵이'나 '해묵이'를 하기도 했습니다.

앞으로 결혼 제도가 어떻게 변할지는 알 수 없는 일입니다. 변화는 지금도 계속되고 있습니다. 요즘은 신부가 친정아버지의 팔에 이끌려 나와 신랑에게 넘겨지는 대신 처음부터 신랑 신부가 함께 입장하는 경우를 심심찮게 볼 수 있는데, 이것도 작은 변화 중 하나입니다.

오랜 세월 동안 사람들은 남자와 여자가 불평등하게 태어났다고 믿었고, 그것은 하늘이 위에 있고 땅이 밑에 있는 것처럼 영원히 변치 않는 법칙으로 보였습니다. 그러나 지구가 둥글기 때문에 하늘이 밑에 있을 수 있다고 생각하게 된 것처럼, 영원히 변치 않는 것은 없습니다. 남자와 여자의 관계도 마찬가지입니다. 세월이 흐름에 따라 남녀 관계는 끊임없이 변해 왔고, 그에 따라 혼인 제도도 변해 온 것입니다.

권력 유지에 이용당해 온 여성들
- 결혼은 애정의 무덤(?)

여성에 대한 차별은 언제부터 시작된 것일까요? 원시 농경제 사회에서 여성의 지위는 아주 높았습니다. 주로 채집과 수렵으로 식량을 해결하던 시대여서, 떠돌아다니며 사냥하는 남성들보다 채집 활동을 하는 여성들이 생산의 중요한 역할을 맡았기 때문이죠. 그래서 그 시대에는 모계 가족과 모계 씨족이 발달했으며, 임신부는 숭배의 대상이 되었고, 월경 중이거나 출산을 맞은 여성들은 공동체 전체가 보호하고 생활을 보장해 주었습니다.

그러나 원시 시대 말기에 이르자 채집과 수렵 대신 농업과 목축업이 발달하면서 모계 사회가 무너지기 시작했습니다. 남성들은 불확실한 사냥보다는 농업과 목축업을 맡게 되었고, 여성은 아이 기르기, 음식 만들기 등 주로 집안일을 맡게 되었습니다. 여성이 사회 노동의 중심에서 밀려나게 된 것이지요. 그리고 생산물이 남아돌자 많이 가진 사람과 적게 가진 사람이 구분되었습니다. 남성들은 남는 생산물을 지키기 위해 자기 핏줄을 분명히 하여 재산을 상속시키고자 했습니다. 이때부터 이른바 가부장제 사회가 시작된 것입니다.

긴긴 세월 동안 여성들이 차별받으며 살아왔지만 특히 조선 시대가 가장 억눌리고 한 많은 세월이었습니다. 이 시대의 남녀 관계에 결정적으로 영향을 미친 것은 여러분도 잘 알고 있는 유교 사상입니다. 유교의 여성관은 한마디로 '정절'이라고 할 수 있지요. 남존여비(男尊女卑, 남자는 사회적 지위가 높고 귀하며, 여자는 낮고 천하다는 말), 삼종지도(三從之道, 여자는 나이에 따라 아버지, 남편, 아들에 의지하고 따라야 한다), 칠거지악(七去之惡, 아내를 내쫓을 수 있는 일곱 가지 이유로서 시부모에게 순종하지 않거나 아들을 낳지 못하거나 질투를 하는 등의 일곱 가지 악행) 등의 이유로, 삼강오륜(三綱五倫, 신하·자식·아내가 임금·부모·남편을 섬기고 따르는 것이 인간의 도리이다), 열녀불경이부(烈女不更二夫, 열녀는 두 남편을 섬기지 않는다) 등과 내외법(內外法, 남녀 간에 서로 얼굴도 마주 보지 못하게 하는 엄격한 예법), 외출 규제, 복장 규제 등의 갖가지 규범들이 여성들을 옭아맸습니다.

이에 비해 고려 시대 여성은 조선 시대보다 비교적 자유스러운 생활을 했습니다. 고려 말기의 기록만 보더라도 남녀 구별 없이 옷을 벗고 냇가에서 목욕하는 이야기, 대사헌이 과부에게 직접 청혼하러 찾아가 술을 대접받는 이야기, 관리들의 부인과 첩들이 권력자에게 찾아가 벼슬을 부탁하는 이야기 등은 남녀 간의 내외법이 아직 없었다는 것을 알려 줍니다.

그러면 왜 조선 시대에 와서 여성들이 그토록 억눌린 삶을 살아야 했을까요? 조선 왕조를 세운 주도 세력은 중간 계층의 유신 및 무인층이었습니다. 이들은 자기 권력을 탄탄히 하기 위해서 고려 말의 두 기둥이었던 귀족들과 불교 세력을 제거해야만 했습니다. 특히 불교 세력을 약화시키기 위해 토지를 정리하여 경제력을 빼앗고, 그들의 사상적 기반을 무너뜨리기 위해 유교를 강조했다는 것은 여러분도 이미 알고 있는 사실일 겁니다.

성종 때에 이르면 재가녀자손금고법再嫁女子孫禁錮法이 만들어져 재혼한 여자의 시부모, 부모, 남편 등을 징계하고 관직에 오르지 못하게 합니다. 이는 적서차별(嫡庶差別, 정부인의 자식과 첩의 자식을 차별하는 제도)과 함께 양반 계층으로 올라갈 수 있는 조건을 까다롭게 하여 양반이 더 늘어나는 것을 막으려 한 제도입니다. 이 법에 따라 부녀와 간통한 남자는 모두 교수형에 처해졌으며 재가한 여자의 아버지는 관직에서 쫓겨나고 과부를 아내로 삼으면 징계 대상이 되었습니다. 조선 후기에 양반 계층이 점점 불안정해지면서 여성에 대한 정절 강요는 날로 심해졌습니다. 조선 시대의 가족은 아버지의 혈통이 확실한 아이를 낳는 것이 목적이었기 때문에, 결혼도 당사자들의 뜻과 관계없이 신분과 지위와 재산을 물려줄 아버지의 뜻에 따라 결정되었습니다. 그러다 보니 결혼이 많은 사람들에게 애정의 실현이 아니라, 애정의 무덤이 된 것이죠.

한 많은 여자, 한 많은 세월

이러한 가족 안에서 여성은 인간이 아니라, 단지 하나의 도구에 지나지 않았습니다. 그 도구의 역할은 가문의 대를 잇는 것, 즉 자식을 낳는 것이었습니다. 따라서 여자들의 외출을 금지하고, 정절을 잃을 모든 가능성을 없애기 위해 엄격한 내외법이 발달하게 된 것입니다.

양반의 집에 남자 손님이 오면 그 집 부인은 종을 사이에 두고 대화를 나눕니다. 종이 없는 가난한 양민, 천민의 집에서도 그 집 부녀자는 낯을 숨기고, 두 사람 사이에 종이 있는 듯이 말을 주고받기도 했습니다. 둘이 직접 대화를 나누면서도 "게 누구 없느냐?" "뉘시냐고 여쭈어라" "아무개라고 여쭈어라"라고 했다지요.

특히 여성은 아들을 낳아 대를 잇고 재산과 지위를 상속시킬 수 있을 때만 그 도구로서 할 일을 다한 것이기 때문에, 아들을 낳지 못하면 아내의 지위를 빼앗기는 일이 흔했습니다. 소박을 맞고 친정으로 돌려보내지거나, 남편이 첩이나 씨받이 여성을 들이는 것을 당연하게 받아들여야 했습니다. 경우에 따라서는 본인이 씨내림을 당하기도 했습니다. 씨받이를 업으로 삼는 여성들은 대개 천한 신분이거나 가난한 과부였으며, 그나마 딸을 낳으면 대가도 받을 수 없었습니다.

여성들이 겪은 또 하나의 큰 고통은 중노동이었습니다. 대가족의 식사 준비, 빨래, 아이 키우기, 옷감 짜기, 텃밭의 농사까지 쉬지 않고 하면서도 집안에서 가장 천한 대접을 받았습니다. 이러한 중노동은 '아들 우월주의'가 판치는 사회에서 '시집을 간' 여성들이 남편의 가족으로부터 받는 갖은 정신적 고통과 함께 오게 마련이었습니다. 하다못해 밥 먹는 것조차 눈치를 봐야 했는데요, 배불리 먹어도 흉이 되고 찌꺼기 음식을 방바닥이나 부엌에서 쭈그리고 앉아 먹어야 했다지요.

아가아가 서울아가 뒷동산에 밭매가라
뒷동산에 밭을매로 가인께로
은가락지 꼈던손에 호미꽁지 웬일인고
가죽신신은 진베긴 가죽신을 벗어놓고
뒤축없는 헌신신고 뒷동산에 밭매러가니
불같이 더운날에 뫼같이 거친밭을
한골매고 두골매고 삼세골을 거듭매니
다른점심 다나와도 이내점심 안나오네
집이라고 휘어드니 대문간에 들어가니

호령하는 시아버지 범같이 내려서며

이며늘아 저며늘아 고걸사 일이라고

낮에해를 못채웠나 그꾸지람 면하려고

큰방을 달라들어 어머님을 찾아보니

아가아가 며늘아가 그걸사 일이라고

낮에해를 못채웠나 그꾸지람 면하려고

모퉁이라 돌아가니 위두같은 시아주버니

검은눈창 어디두고 흰눈창을 달고보네

그꾸지람 면해놓고 아가아가 밥이나

한술주면 좋지 어제찌어 딩기밥을

사발국만 덮어주네 장이라고 주는거는

삼년묵은 꼬랑장을 접시눈만 덮어주네

숟가락이라고 주는거는 이웃집의 통시래기

이밥묵고 우예하리 배고파서 못살겠네

중노동에 시달리면서도 밥조차 마음대로 먹을 수 없었던 괴로움을 나타낸 노래입니다. 이러한 사회는 '여자가 한을 품으면 오뉴월에도 서리가 내린다'는 말이 생길 정도로 여자들에게 깊은 한을 안겨 주었습니다. 옛날을 배경으로 한 영화나 드라마, 소설 속에서 우물이나 연못에 몸을 던지거나 목을 매어 자살하는 사람들은 예외 없이 여자인 것을 기억할 겁니다. 한을 품고 죽은 사람은 귀신이 된다는 말이 있죠? 우리나라의 귀신들 중 하얀 소복의 젊은 여자 귀신이 가장 무서운 귀신이잖아요? 흔히 그 귀신이 머리를 풀어 헤치고 있기 때문에 '처녀 귀신'이라고 들 말하고 있지만 사실은 처녀보다 결혼한 젊은 여자가 더 많았을 겁니다. 결혼한 젊은 여자의 정신적, 육체적 고통이 가장 심했을 것이기 때문입니다. 나이 든 여자들은 시집살이에서 벗어나 며느리에게 시집살이를 시킬 수 있었고, 아들을 낳으라는 압박이나 바람 피우는 남편과의 갈등에서 벗어날 수 있었기 때문에 한을 품고 자살할 필요도, 그래서 귀신이 될 필요(?)도 훨씬 적었던 것이죠.

요즘 여자들 참 좋아졌지(?) – 새로운 시대, 새로운 고통

현대 사회로 이야기를 돌려 봅시다. 현대 산업 사회는 집안에서 종처럼 지내오던 여성의 삶에 엄청난 변화를 가져다주었습니다. 가장 중요한 변화는 여성들이 돈을 받을 수 있는 '사회 노동'에 참여하게 된 것입니다. 대체로 남성들보다 적은 돈을 벌기는 하지만 어쨌든 많은 여성들이 경제적으로 자립할 수 있게 되었고, 법적인 차별도 차차 줄어들고 있습니다. 시집간 딸이 맏아들과 똑같이 재산을 상속받을 수 있게 된 것이 좋은 예이지요. 호주제가 폐지되면서 결혼과 이혼으로 인한 불이익이 줄어들었고, 자녀의 성씨 또한 선택할 수 있게 되었습니다. 그 때문인지 흔히 "요즘 여자들 참 살기 좋아졌지"라고 말합니다. 한데 여성들은 정말로 살기 좋아졌을까요?

우리 할머니 세대, 아니 어머니 세대만 해도 상상하기 힘들었던 편리한 생활이 지금은 당연하게 받아들여지고 있습니다. 그러나 한편으로는 이전에 없었던 새로운 고통이 여성을 괴롭히고 있지요. 현대 산업 사회(정확히 말하면 '자본주의 사회'입니다)는 여성을 집 밖으로 끌어내 사회 노동을 하도록 하면서, 집안일은 여전히 여성의 몫으로 남겨 놓았습니다.

게다가 여성을 상품화하여 돈벌이 도구로 사용하고 있습니다. 여성들을 매력 있게 보이게 하는 각종 상품을 만들어 비싼 화장품을 바르고 유행하는 옷을 입어야 미인이 될 수 있는 것처럼 광고를 해서 돈을 법니다. 아름다운 여성만이 선택받을 수 있다는 의식을 심고, 실제로 차별을 가하면서 여성들의 성형을 조장합니다. 그렇게 만들어진 아름다움은 누구를 위한 것일까요.

그뿐만이 아니지요. 여성을 소비와 성에만 관심 있는 존재로 등장시키는 각종 잡지와 신문을 만들어 팝니다. 스포츠 신문, 인터넷 포털 사이트의 만화나 기사는 온통 성과 향락에 대한 이야기로 가득합니다. 또한 디지털 매체를 통해 남성 소비자들에게 벌거벗은 여성의 사진이나 동영상을 전송하여 돈을 버는 사업이 나날이 팽창하고 있습니다.

심지어는 여성을 속이거나 납치하여 향락 업종 자본가에게 팔아먹는 악랄한 조직이 세계적으로 암약하고 있기도 합니다. 온 사회가 이런 풍조에 물들어 갈 때 여성들은 열심히 일하고 이웃과 더불어 살려고 노력하는 것이 아니라, 겉모습만 매력 있게 가꾸려고 안간힘을 쓰거나 돈 있는 남자에게 시집가서 풍족하게 살 궁리를 할 가능성이 높습니다.

한편 우리 사회는 여성 노동력을 남성보다 훨씬 싼 값에 사들입니다. 특히 남성들이 잘 하지 않으려는 일을 시킵니다. 그 싼 노동력을 확보하기 위해서라도 여성이 남성보다 열등하다는 편견을 끊임없이 주입시킵니다(이를 성차별 이데올로기라고 합니다). 가정뿐만 아니라 학교에서도 교과서나 선생님을 통해 여자나 남자의 할 일이 다르다고 교육 받습니다. 각종 서적, 신문, 잡지, 연극, 영화 등 우리 주변의 모든 매체들이 아직도 '여자는 남자와 이렇게 달라야 한다' 고 소리 높여 주장하고 있습니다.

깨어나기 시작한 여성들

그러나 이러한 차별을 깨닫기 시작한 많은 사람들은 그냥 바라보고 있지 않았습니다. 몇 십 년에 걸친 노력 끝에 불평등한 가족법을 고쳤고, 조금 더 완전한 모습으로 바꾸기 위해 애쓰고 있습니다.

또한 직장 내 차별을 없애기 위한 노력도 꾸준히 전개되고 있습니다. 여성이 남성 못지않게 능력을 발휘할 수 있는 여건을 만들어 나가고, 똑같이 일하고도 승진이나 보수에서 당하는 차별을 없애려고 힘을 기울이고 있지요. '남녀고용평등과 일·가정 양립 지원에 관한 법률' (일부개정 2010.6.4 법률 제10339호)이 생긴 것은 수많은 여성들이 노력한 결과입니다. 이 법률은 고용에서 남녀의 평등한 기회를 보장하고, 직장 내에서 동등한 대우를 할 것을 명시하고 있습니다. 세부적으로는 직장 내 성희롱이나 산전후 휴가에 대한 지원 및 육아 휴직에 대한 항목들도 구체적으로 제시돼 있답니다.

'성폭력방지 및 피해자보호 등에 관한 법률'(제정 2010.4.15 법률 제10261호 시행일 2011.1.1)이 제정된 것 또한 폭력을 당하는 여성을 줄이기 위해 가해자 처벌을 강화시키려고 여성 단체가 힘을 모아 온 덕분입니다. 어떻게 하면 사회 곳곳에 널려 있는 차별을 고쳐서 남성과 여성이 서로 돕고 존중하는 사회를 만들

까 고민하는 사람도 점차 늘고 있습니다.

여성 국회의원, 여성 법관, 여성 장관이 늘어나는 것도 주목해야 합니다. 이전 같으면 묻혀 버렸을 많은 여성들이 뛰어난 학자, 화가, 기술자, 문학가, 음악가 등으로서 재능을 발휘하고, 모든 산업 분야에서 남성 노동자들과 어깨를 나란히 하고 일합니다. 소설이나 영화 속 여주인공들의 직업도 간호사나 교사, 전업주부에서 형사, 의사, 대통령 등으로 바뀌고 있습니다. 여성과 남성 모두가 일하기 좋은 기업, 여성을 기업의 핵심 인재로 양성하고 여성들이 일하고 싶어 하는 기업, 직장과 가정을 양립하게 하는 기업이 진정한 경쟁력을 가진다는 인식 또한 확산되고 있습니다.

시대는 변하고 있으며 역사는 남녀평등을 향해 나아가고 있습니다. 일단 깨어나기 시작한 여성들을 뒤로 돌아가게 할 수 있는 힘은 어디에도 없습니다.

여성의 한가운데에 새날을 여는 큰 힘이

이러한 모든 변화는 누가 가져다주는 걸까요?

바로 이곳에 사는 우리들이 가져옵니다. 우리들이 이렇게 살아야겠다고 생각하고 그러한 방향으로 노력하면 차차 변화를 가져올 수 있는 것이죠.

동물과 달리 인간은 인간의 행복을 위해 자연을 이용하고 변화시켜 왔습니다. 또한 인간이 만든 제도나 국가가 자유를 억압할 때 인간은 자유와 평등의 확대를 위해 그 제도를 변화시켜 왔지요. 인간의 차별은 시대마다 여러 형태로 나타나지만, 남녀 차별은 뿌리가 깊고 다양한 분야에서 폭넓게 나타나고 있습니다. 이러한 것들을 고치고 새로운 여성의 모습을 찾으려는 노력은 역사를 새로 써 가는 큰 힘이 되고 있습니다.

우리는 항상 변화하고 있습니다. 1년 전과 지금이 같을 수 없고 어제와 오늘이 같지 않지요. 주위에서 많은 것을 보고 듣고 생각하면서 끊임없이 성장해 갑니다. 그럼에도 여전히 해결해야 할 문제들은 너무나 많습니다. 처음 이 책을 썼던 때에 비해 많은 것들이 달라졌지만, 차별을 극복하고 조금 더 평등하게, 조금 더 행복하게 살기 위해서는 더 많은 노력을 기울여야 합니다.

그러기 위해서는 가장 기본적으로 집에서나 학교에서, 우리 친구들 사이에서 남성과 여성 모두가 하나의 인격체임을 인정하고 서로 존중하는 자세가 필요할 것입니다. 소극적인 여성의 모습을 깨고 스스로 고쳐 나가려는 적극적인 태도도 갖추어야겠지요. 여러분의 작은 노력들이 모여 모든 여성이 주체적 인간으로 설 수 있는 사회를 만들어 갈 것입니다.

이덕주_금천고 교사

'우주 창생의 어머니' 원시 모계 여성

우리나라에서도 여성이 제사를 주관하였으며, 무속 신앙에 나오는 산신, 삼신, 풍신, 용신, 태양신도 여성이었고, 신라의 일급 호국신인 중 나림奈林, 혈예穴禮, 골화骨火 세 산의 신 또한 여성이었다. 또 삼신 할머니, 청실홍실 할머니 등의 이야기는 원시 시대에 씨족 내의 대소사에 여성들이 중요한 역할을 했음을 전해 준다. 제주도에 전해 오는 한 민담은 당시 사람들이 여성을 우주 창생의 어머니로 생각했음을 보여 준다.

옛날 선분대 할망이라는 키 큰 할머니가 있었다. 얼마나 컸던지 한라산을 베개 삼고 누우면 다리는 제주시 앞바다에 있는 관탈섬에 걸쳤다고 한다. (중략) 이 거파去婆는 '성산봉을 빨래 바구니로 삼고 소섬을 빨랫돌로 삼아' 빨래를 하고 치맛자락에다 흙을 담아 나르다가 흙이 새어 오늘의 소화산을 이루기도 하고, 육지에 다리를 놓아 주기도 하고, 주먹으로 봉우리를 쳐서 움푹 파이게 하거나 오줌을 누어 흙이 떠내려가 섬을 만들기도 하는 등 우주 창생의 할머니였다.

《한국 민담 속의 여성 원형상》, 이부영, 민음사

자유로웠던 고려 시대 여성

고려의 여성들은 여름이면 시냇물에 들어가서 남녀 구별 없이 옷을 벗고 목욕을 하였고, 절에도 마음대로 갔으며, 관희觀戱 같은 구경거리가 있으면 귀천을 막론하고 이른바 '쉽게 만났다가 쉽게 헤어질 수 있는' 풍토였으므로 마음대로 어울려서 구경도 했다. 그러므로 여자의 재혼도 별로 흉이 되지 않았었다…….

고려는 '정절 숭배' 풍토가 아닌 이상, 처녀들의 자유 연애가 지탄받을 이유가 없는 것이다. 이런 위치에서 본다면 고려 가요의 주제가 남녀의 사랑에 기울어 있다는 사실은, 고려 가요를 전승해 온 주역들이 기생들이라 해서 반드시 그들만의 작품이라 단정할 수 없다.

《한국여속사》, 김용숙, 민음사

〈본문 돋보기 1〉은 원시 시대와 고려 시대 여성들이 중요한 사회적 지위를 갖고 자유로운 생활을 했다는 것을 보여 줍니다. 그 시대의 신화, 설화, 민담, 시가 등 여러 기록 가운데 여성의 사회적 지위를

잘 나타내거나, 남녀평등의 생활이 드러나는 내용을 찾아 함께 이야
기해 봅시다.

조선 시대 여성은 어떻게 살았을까?

조선 초에는 결혼 후 남자가 여자 집에서 일정 기간 동안 생활하는
풍속이 일반적이었다. 이는 보통 혼인 초에만 머무는 것이 아니라
자식을 낳아 성장할 때까지 계속되었다.

여성들은 또한 자녀 균분 상속을 통해 경제권을 보장받고 있었다.
조선 전기 《경국대전》에 의하면 정실 소생일 경우 아들과 딸의 구별
없이 같은 양의 재산을 분배하고 그 가운데 대를 잇는 아들에 한해
서 상속분의 5분의 1을 더해 준다고 기록돼 있다.

남자 형제와 똑같이 상속받은 재산은 혼인 후 남편 혹은 시가의 재
산으로 흡수되지 않고 어디까지나 여성의 것으로 존속되었다. 그 재
산을 처분하고 매매하는 일도 소유주인 여자가 남편의 동의 없이 스
스로 했다.

이와 같이 비교적 평등하던 여성의 지위는 17세기 후반이 되자 변모

하기 시작했다. 재산 상속에서도 차등을 강화시켰다. 점차 장남 우대, 남녀 차별의 차등 상속의 경향이 강화되어 갔다. 본부인의 딸이 받는 재산보다 첩의 아들이 받는 재산이 많은 경우도 빈번해 이제는 처첩보다는 남녀 간의 차별이 더 중요시되었음을 알 수 있다. 이러한 분위기 속에서 여성은 가족 안에서 남존여비에 입각한 열등한 예속적 존재가 되었고, 시집을 가면 출가외인이 되는 동시에 남편의 종속적 위치에 처하게 되었다.

《한국여성사》, 한국여성사연구회 여성분과 편, 풀빛

양반가에는 안채와 사랑채가 구분되어 여자들은 깊숙한 안채에 머물러 바깥 출입이 극히 제한되었다. 다만 피치 못할 경우에 한하여 외출시에는 반드시 하인과 동행하고, 밤이면 불을 밝히고, 얼굴을 가려야 했다. 이런 규제가 얼마나 엄격했는지는 집에 불이 났는데도 하인이 없어서 그 자리에서 타 죽은 여자가 열녀전에 올랐다는 기록에서도 알 수 있다.

이에 따라 선조 때는 과부인 어머니가 종과 간음했다고 하여 가문을 위해 어머니를 살해한 자식이 있었으며, 과부가 음행했다는 풍문을 듣고 그 친형을 비롯한 친척들이 합세하여 그녀를 포박, 돌을 안겨 강물에 던지는 일까지 벌어졌다.

《여자는 왜》, 서진영, 동녘

사오촌이라도 10세 후에는 한 자리에서 친친 말고…… 남매간이라도 잡되히 회하마라……. 의복도 밖의 사람이 보게 말고…… 아해

손(어린 아이 손님)이라도 남자와는 한 자리에 앉지 말고…… 아는
사람을 보아도 너무 익히 보지 말고…… 손을 엿보지 말며…….

《성호사설》, 이익

남자가 아이를 낳지 못하는 경우에도 여성은 수난을 당했다.
일제 시대의 신문에는 다음과 같은 기사가 실렸다.

함양의 가문 높은 김씨 종가에 시집온 박소사란 여인이 시집온 지
15년 만에 아들을 낳고 첫 이레가 지난 날 목을 매어 죽었다. 그 곡
절인즉 남편이 아이를 낳을 수 없음을 알고 있던 시부모와 남편이
가계를 잇기 위해 음모를 꾸며 "가계를 잇는다는 것은 부도의 대강
이므로 욕된 일이라도 참아야 하느니라"라는 타이름과 함께 떠돌이
옹기 장수를 박소사의 규방에 들여 보냈다. 이 종가의 며느리는 위
조된 종손을 낳아 주고 자살하였던 것이다.

《이규태 걸작 선집7》, 이규태

조선 후기로 가면서 여성에 대한 차별이 본격화된 이유는 무엇이고,
이 같은 차별이 왜 지금까지 이어지고 있는지 토론해 봅시다. 또한
사회적인 억압을 이겨 내려고 노력한 여성의 사례를 알아봅시다.

조선 시대 여성의 밥 먹는 예절

公食 할 때 (함께 밥 먹을 때) 배부르게 먹지 말 것

손으로 먹지 말 것

밥을 수저로 꽉꽉 눌러 먹지 말 것

밥을 젓가락으로 헤쳐 떠먹지 말 것

(국 같은 것을) 소리 내어 들이마시지 말 것

쩝쩝 소리 내어 먹지 말 것

뼈를 깨물지 말 것

고기를 한 번 이로 베어 먹다가 도로 그릇에 넣지 말 것

뼈를 개에게 던져 주지 말 것

자기 앞의 것을 주로 먹고, 멀리 손을 뻗쳐 집어 오지 말 것

밥을 흘리지 말 것

국 건더기를 (젓가락으로) 건져 먹지 말 것

남의 집에 초대되었을 때 국에 간장을 쳐서 간을 다시 맞추지 말 것
이 쑤시지 말 것(남 보는 데서)

《내훈》 중 '언행장' 일부

양반 부인의 행동거지에 대한 글

가려워도 긁지 말며
큰기침 하지 말며
기지개 켜지 말며
코 풀지 말며
침 뱉지 말며

《격몽요결》 중에서

여성에 대한 옛말

"여자와 소인은 가까이 하지 말라."
"여자가 밤에 세수하면 곰보 신랑에게 시집 간다."
"여자가 머리를 빗으면 근심이 생긴다."
"여자가 밤에 거울을 보면 호랑이를 만난다."
"눈 멀어 삼 년, 벙어리 삼 년."
"여자가 말 많으면 과부가 된다."

"여자가 휘파람을 불면 팔자가 사납다."

"첫 손님이 여자면 그 날은 재수가 없다."

"정월 초하룻날 여자가 들어오면 1년 내내 재수 없다."

"여자와 북어는 사흘 걸러 때려야 한다."

"여자는 사흘을 안 때리면 여우가 된다."

"여편네 아니 걸린 살인 없다."

"여편네 셋이 모이면 접시 구멍 뚫는다."

"여자 열이 모이면 쇠도 녹인다."

"여자가 말은 잘 들어도 패가하고 안 들어도 망신당한다."

"계집은 상을 들고 문지방을 넘으며 열두 가지 생각을 한다."

"계집이 늙으면 여우가 된다."

"남자는 씨요, 여자는 밭이다."

"첫 과일은 여자가 따지 않는다."

"처녀는 무화과 열매를 먹지 않는다."

"계집 입 싼 것."

"여자 말띠는 팔자가 세다."

"여자 범띠는 팔자가 세다."

"여자 용띠는 성질이 흉악하다."

"여자 나이 삼십이면 눈먼 새도 돌아보지 않고, 여자 나이 사십이면
장승도 돌아보지 않는다."

〈본문 돋보기 3〉은 조선 시대 여성의 예절, 금기, 양반 부인의 몸가짐에 대한 것입니다. 이 밖에 여성과 관련된 금언이나 속담 등에는 어떤 것이 있는지 알아보고, 이 내용을 현대에 맞게 고쳐 봅시다.

(예: 암탉이 울면 집안이 망한다→암탉이 울면 알을 낳는다)

아빠한테 물들기 싫어

우리 엄마는 밖에서는 화장품 판매원으로 일하시고 집에서는 집안일은 물론 제 공부와 숙제를 도와주는 과외 선생님 노릇까지 하십니다. 정말 대단하시죠?

그런데 아빠는 이렇게 대단한 엄마를 가정부로 대하는 경향이 있습니다. 물론 시내버스를 운전하는 아빠의 일이 엄마 일보다 육체적으로 더 힘들 수도 있다는 건 인정합니다. 하지만 직장일과 집안일, 둘 다를 해야 하는 엄마를 돕지는 못할망정 일을 만들어서 시키는 아빠를 이해할 수 없습니다. 어린아이처럼 양말이나 옷을 아무 데나 벗어 던져 놓질 않나, 한밤중에 간식을 먹고 싶다고 만들어 오라질 않나. 아빠가 집에서 하는 일이라곤 소파에 드러누워 TV 리모컨 만지작거리는 것뿐입니다. 엄마는 원더우먼인데 아빠는 왜 슈퍼맨이 아닌 걸까요?

가장 큰 문제는 아빠의 사고방식이 저한테 영향을 미친다는 것입니다. 어느 일요일, 냉장고 정리를 하느라 끙끙거리는 엄마가 너무 안쓰러워서 저라도 도와드리려고 나섰는데, 아빠가 "사내대장부가 부엌에 들락거리면 고추 떨어진다"라며 나무라시는 게 아닙니까? 왠지 좀 부끄러운 생각이 들더라고요. 그래서 슬그머니 부엌을 나오는데, 늘 조용조용 참고만 사시던 엄마가 이렇게 말씀하시는 겁니다.

"너, 나중에 결혼해서 네 아빠처럼 행동하다간 네 아내한테 바로 이혼당할 줄이나 알아. 엄마니까 참고 사는 거야. 네 또래 어떤 여자가 엄마처럼 참고 살겠니?"

곰곰이 생각해 보니 엄마 말씀이 맞는 것 같습니다. 저는 남녀 공학을 다니는데요, 우리 반 여자애들 중에 직장 다니면서 집안일까지 군말 없이 고분고분 할 것 같은 아이는 한 명도 없었습니다. 불공평한 것은 손톱만큼도 못 참는 아이들이거든요.

우리 아빠는 시골에서 7남매 중 막내로 자라셨는데, 그 당시에는 남녀 차별이 아주 심했다고 합니다. 남자들이 밥상에서 식사할 때 여자들은 부엌 바닥에서 대충 먹는 둥 마는 둥 했다는군요. 하지만 그때하고 지금이 같나요?

세월 바뀐 줄 모르고 옛날 생각을 고수하시는 우리 아빠. 아빠는 우리 엄마 같은 여자를 만났으니까 결혼 생활을 유지하신다지만, 저는 어떡하나요? 아빠한테 물들어서 결혼도 못 하면 아빠가 책임져 주실래요?

부모님의 모습을 보면 직장 일만 하는 아버지와 달리 어머니는 직장을 다니면서 집안일까지 도맡아 하십니다. 여러분 부모님의 모습은 어떤지 다 같이 이야기해 보고, 어머니의 마음이 어떨지 생각해 봅시다. 그리고 아버지가 어떤 식으로 변화해야 할지, 변화를 이끌어 내는 방법에 대해서 함께 이야기해 봅시다.

1부
가정, 학교, 사회에서 길들여지는 여성

1. 시집가면 출가외인? 이젠 옛말!

서로 사랑하라. 그러나 사랑으로 구속하지는 마라.

그보다 너희 혼과 혼의 두 언덕 사이에 출렁이는 바다를 놓아두라.

함께 서 있으라. 그러나 너무 가까이 서 있지는 마라.

사원의 기둥들도 서로 떨어져 있고

참나무와 삼나무는 서로의 그늘 속에선 자랄 수 없다.

칼릴 지브란의 시, 〈함께 있되 거리를 두라〉 중에서

결혼은 영혼과 영혼의 결합이건만……

결혼은 영혼과 영혼의 결합을 의미합니다. 아름답고 소중한 것이지요. 그러나 과거의 역사를 보면 그렇게 아름다운 영혼의 결합은 이루어질 수 없었습니다. 부부는 일심동체—心同體라는 말은 얼핏 들으면 좋게 들리지만 여성에게는 그림자처럼 '아랫것'이 되어 자신을 드러내지 말고 오로지 남편과 자식, 그리고 남편 집안의 번영을 위해 희생과 헌신을 하는 현모양처가 될 것을 요구했습니다. '희생과 헌신'의 당사자인 여성은 '일등 인간'인 남성을 위한 '이등 인간'으로 치부되는 것이 남성 중심의 가부장제의 속성이었지요.

지금은 신분제 사회가 사라져 양반과 상놈의 차별은 없어졌지만 남녀 차별은 오래도록 지속되어 2005년 호주제가 폐지되기 전까지 여성은 결혼하면 남편의 집안에 입적되고 아이가 태어나면 아버지의 성씨만을 따라야 했습니다. 족보를 만들어 기록하고 종중, 시조, 중시조, 가문, 혈통 등을 중시했지요.

지금도 본관이 어디며, 시조는 누구인데, 자신은 무슨 파의 몇 세손이라고 하는 이야기들을 드물지 않게 들을 수 있을 것입니다. 학교에서 시조, 중시조 알아오기를 숙제로 내주기도 하고, '뿌리 찾기 운동 본부'라는 곳이 생겨 CD를 만들어 조상을 찾아주겠다는 광고도 하고, 어느 집안 시조 모시기 연중행사에 정부(문화재 관리국)에서 수천만 원의 보조금을 주었다는 이야기도 들립니다. 모두 부계 혈통제를 근간으로 하고 있지요.

그런데 정말 한 줄기 혈통, 한 줄기 가문이 존재할 수 있을까요? 식물의 씨앗이 암술의 난핵과 수술의 정핵이 수정되어 생기는 것처럼, 동물의 어린 것도 엄마의 난자와 아빠의 정자가 수정이 돼야 탄생하게 됩니다. 부계, 모계에서 똑같은 숫자의 유전자를 물려받게 되지요. 따라서 한 줄기 혈통이나 가문은 절대로 존재할 수 없습니다. 그런데 예전에는 남자에게만 씨가 있고 여자는 밭만 가지고 있다고 잘못 생각했던 것이지요.

특히 중국 황실에서 만든 족보를 흉내 내어 조선 왕실과 양반들이 족보를 만들게 되면서 아들을 낳아 가문의 대를 잇는 것은 중요한 일이 되었습니다. 더군다나 이와 같은 '가문 자랑하기'는 대다수의 평민과 상민들은 흉내도 내어서는 안 되는 상류층의 독점적이고 배타적인 문화였습니다. 이러한 가부장적 부계 혈통제 속에서 여성은 그냥 '도구'로 치부되었지요.

제사 = 야망을 합리화하는 수단

지금도 왕성하게 활동하고 있는 작가 이문열 씨는 수년 전 자신의 작품을 통해 여성을 '아들의 아들의 아들을 통해 영원히 사는 신령스러운 암컷'으로 표현하고 '제사 지낼 떡시루에 김이 안 오른다고 목을 맨 며느리에게서 섬뜩한 아름다움을 느낀다'고 해서 여성들의 거센 비판을 받았습니다. 종손 집에서 혹은 장남 집에서 지내는 제사는 엄숙한 가운데 까다로운 의식을 통해 거행되었습니다. 대체 떡시루 때문에 며느리가 죽을 만큼의 스트레스를 느껴야 했다는 조상 제사란 언제, 무엇 때문에 시작되었을까요?

갑골문 전문가인 김경일 교수가 쓴 《공자가 죽어야 나라가 산

다》에 따르면 조상 제사는 기원전 1324년, 중국 땅의 '조갑'이 부친의 명을 어기고 형 '조경'을 해치우고 왕권을 찬탈한 직후에 시작되었다고 합니다. 이때부터 하늘이나 강에 지내던 제사를 모두 없애고 자기 조상에 대한 제사만 지낸 것이지요.

우리나라의 상황도 다르지 않습니다. 고려의 관리이던 이성계 역시 왕을 배반하고 쿠데타로 왕권을 잡은 뒤에 용비어천가를 만들어 자기 조상인 목조, 익도, 도조 등이 용이 되어 하늘로 날아올랐으니 자기도 왕이 될 수밖에 없는 운명을 가졌다며 새로운 왕조를 세운 것을 합리화했습니다. 전두환 전 대통령도 무력으로 국민을 진압하고 대통령이 된 뒤 삼청교육대를 만들어 자기 권력이 올바르고 정의로운 것처럼 합리화했지요. 결국 조상 제사는 자신을 '위대한 존재'로 부각시키려는 목적을 가지고 있었습니다.

요즈음도 홍동백서, 어동육서, 좌포우혜, 건좌습우 등 좌동우서를 따지며 제사 지낼 때 까다로운 규칙을 지키라고 요구하는 이유가 무엇일까요. 다른 씨족이 감히 흉내 낼 수 없게 차별성을 갖는 행사를 엄숙하고 까다롭게 진행함으로써 자신의 독점적 권리를 강력하게 지키고자 하는 초기의 의도를 그대로 모방하고 있기 때문입니다.

이렇게 족보나 제사와 같은 문화가 양반들이 권력을 독점하는 데에 이용되어 왔기 때문에 조선 시대에는 평민과 상민이 절대로 제사를 지내거나 족보를 기록할 수 없었습니다. 그래서 양반 아닌 자가 제사를 지내면 끌려가서 곤장을 맞았다고 하지요.

불과 100년 전 일입니다. 지금은 특정 종교를 가진 사람들을 제외하고는 대부분 제사를 지내고 명절에는 차례를 지냅니다. 집집마다 족보도 있습니다. 모두 곤장 맞을 걱정 없이 양반 문화를 누릴 수 있게 되었으니 세상이 좋아진 걸까요?

모두가 제사를 지내는 세상, 평등한가?

현재 우리나라의 성씨는 280여개로, 8만 개의 성씨를 가진 일본이나 1만 2,000개의 성씨를 가진 중국에 비해 그 수가 대단히 적습니다. 전체 성씨 중 김씨가 차지하는 비율이 21%이고, 김·이·박 세 개의 성씨가 45%를 차지하는 등 성 쏠림 현상이 대단히 심각하지요. 이것은 일제 강점기, 양반이 사회적인 주도권을 잃으면서, 종전까지 성씨가 없던 많은 사람들이 너도나도 양반의 성씨를 택했기 때문입니다. 그리고 나서 많은 사람들이 가짜 족보를 만들고, 조상 제사를 지내게 되었지요.

유럽에서는 18세기의 프랑스 혁명 등 민중이 들고 일어나 귀족의 독점 권력을 해체시키고 개개인의 자유과 권한을 존중하는 민주주의를 발전시켜 왔습니다. 하지만 우리의 경우는 평민과 하층민이 신분제 사회에서 권력을 독점했던 양반 문화를 비판하고 극복하려는 노력을 기울이기는커녕, 족보나 제사 등을 모방함으로써 과거의 서러움에서 벗어나려 했지요. 따라서 일제 강점기 이후 곤장 맞을 걱정 없이 족보 기록과 제사가 가능해졌다고 해서 가족 문화가 진화한 것으로 볼 수는 없습니다.

21세기 한국은 정치적으로는 어느 정도 민주주의의 성장을 이뤘지만 가족 문화에는 여전히 유교적 가부장제가 남아 있습니다. 요즘에도 며느리 다음으로 손자며느리가 남편 가문의 조상 제사를 이어 가고, 결혼식장에서 남편 집안 식구에게만 폐백을 드리지요. 나이 적은 사람이 많은 사람에게 더 깍듯하게 예의를 지켜야 한다고 생각하는 것, 쌍둥이를 낳으면 1분 차이라도 앞뒤를 따져 서열을 매겨야 질서가 유지된다고 생각하는 것, 이러한 것이 모두 가부장적인 태도들입니다. 상호 존중의 민주적인 문화라고는 절대로 말할 수 없겠지요.

이러한 유교적 가부장제의 비합리성은 '부계 혈통제' 때문에 비롯되었습니다. '아들의 아들의 아들'을 통해 가문의 대를 잇고 혈통을 보존한다고 생각하는 부계 혈통제는 남자만 씨앗을 생산한다는 무지에서 생겨난 것이므로, 우리의 문화와 제도는 점차 양계 혈통제로 바뀌어야 합니다. 북미 유럽의 경우 92.3%가 부모 양계 혈통주의를 택했다고 합니다. 양계 혈통주의를 택하는 나라에서는 어머니의 성을 따를 수 있는 것은 물론이고, 대를 잇기 위해 반드시 아들을 낳아야 한다거나 대를 잇지 못한다는 이유로 낙태하는 일은 일어나지 않습니다.

우리나라에 족보와 제사 문화를 전수한 중국의 경우에도 더 이상 족보를 기록하지 않고, 제사에 연연하지 않습니다. 아들, 딸을 구별하지 않고 형편 되는 자식이 부모나 친인척이 돌아가신 지 1년 후에 제사를 한 번 지내고 끝내는 경우가 대부분이라고 합니다. 이렇게 문화는 변화하고 진화해 가는 것입니다.

그러나 한국 정부는 1984년, 유엔이 마련한 '여성에 대한 모든 형태의 차별 철폐에 관한 협약CEDAW'을 비준하면서 제16조 7항만은 유보했습니다. '가족 성 및 직업을 선택할 권리를 포함하여 부부로서의 동일한 개인적 권리'를 보장하라는 조항을 지금까지도 받아들이지 않고 있는 것이지요.

"호주제를 폐지하라!"

아들 낳기를 고집하는 사람들 때문에 1년에 3, 4만 명씩 여아 낙태가 자행되고, 출생 성비가 파괴되는 현실을 가만히 두고 볼 수만은 없었습니다. 이런 불합리한 상황을 바꾸고자 뜻을 모은 여성들이 1997년 3.8 여성 대회에서 '부모 성 함께 쓰기 운동'을 선언했습니다. 아들 우선의 호주 승계 제도와 부계 성씨 제도는 부계 혈통주의를 법으로 제도화한 것인데, 생물학적으로 옳지 않은 부계 혈통주의는 그동안 여성 차별의 커다란 원인이 되어 왔습니다. 여성들은 부모 성을 함께 씀으로써 부계 혈통주의의 문제점을 국민에 알리고 그에 대한 강박감을 깨려고 했던 것이지요. 이어서 1998년 11월에 출범한 '호주제폐지를위한시민의 모임'과 130여 개의 시민단체가 함께 어울려 2000년 9월에 발족한 '호주제폐지를위한시민연대'는 국회 입법 청원과 헌법 소송을 통해 남성 중심의 가부장제에 대해 지속적으로 문제 제기를 했습니다.

호주제는 가족 구성원의 신분을 기록할 때 아버지를 기준자 (호주)로 삼는 제도입니다. 일제 강점기에 식민지 인력 수탈을 쉽게 하기 위해 만들었지요. 열 명을 각각 관리하는 것보다 호주 한 사람을 관리하는 것이 더 편리하니까요. 성씨가 없고 신분증명서가 없었던 평민, 하층민들은 호주제 때문에 성씨도 새로 만들고 호적도 만들어 갖게 된 것을 기뻐하기도 했다지만, 알고 보면 이름·나이·주소지 등을 파악하고 있어야 인력 수탈을 쉽게 할 수 있었기 때문입니다.

이렇게 만들어진 호주제는 여러모로 문제점을 가지고 있습니다. 먼저 호주는 생물학적 남성만이 가능하기 때문에 아버지가 죽고 나면 나이와는 상관없이 아들이 호주가 됩니다. 나이 많은 할머니, 어머니, 누나들이 있어도 갓난쟁이 아들이 한 가정의 '대표'인 호주가 되는 것이지요. 뿐만 아닙니다. 본처와의 사이에서 딸만 있는 경우, 혼외정사를 통해 아들을 낳으면 본처의 동의 없이도 호적에 올릴 수 있었고 그 아들이 호주가 됐습니다. 딸의 경우 결혼을 하면 남편의 호적에 등록되기 때문에 남의 집 사람, 즉 출가외인이 되었지요.

이렇듯 아들과 딸을 차별하고 아내와 남편을 차별하는 남성 중심의 호주제 속에서 여성은 '남성의 보조자'로 여겨졌습니다. 그렇다 보니 직장이나 사회에서도 '이등 인간' 취급을 받았고, 자기의 능력을 제대로 발휘하거나 인정받을 기회를 갖지 못했습니다. 한국이 정치적·경제적 성장과 걸맞지 않게 국제기구에서 조사하는 성 역할 지수나 양성평등 지수가 하위권을 맴도는 이유가 바로 이것이었습니다.

많은 시민들의 노력으로 드디어 2005년 2월, 헌법재판소는 '호주제가 헌법과 불합치' 하다고 판정했고, 3월에 국회는 호주제를 폐지했습니다. 같은 해 12월에 헌법재판소는 '부계 성씨만 자녀에게 강제하는 것 역시 헌법 불합치' 라고 결론지었습니다. 아동의 복리를 위해서라는 단서를 달기는 했지만, 엄마의 성씨 혹은 새아빠의 성씨로 바꿀 수 있는 길이 열린 것이지요.

시대에 맞지 않는 인습은 바꿔야

한문을 살펴보면 성姓은 '여자 여女＋낳을 생生' 으로 이뤄져 있습니다. 따라서 고대 중국에서는 아이에게 어머니의 성씨를 물려주었을 것이라고 유추할 수 있습니다. 즉, 과거에는 아버지의 혈통보다 어머니의 가족이 우선 됐을 가능성이 높은 것이지요. 나의 뿌리를 합리적으로 찾기 위해서 아버지와 어머니의 혈통 모두를 조상으로 인정해 봅시다. 나의 5대 조상은 2의 5제곱해서 32명이고, 10대 조상은 10제곱해서 1,024명이 됩니다. 이렇게 위로 올라갈수록 많아지므로 한 줄기 혈통이나 가문은 존재할 수 없습니다. 한 명의 시조, 한 명의 중시조가 존재할 수 없는 것이기 때문에 성씨는 그다지 의미가 없는 것이지요.

그러니 교육 현장에서도 '한 줄기 뿌리 찾기' 라며 중시조 시조를 알아오라는 과제나 내는 '뿌리 교육'은 사라져야 합니다. 우리 사회도 이제 성씨에 관해서는 좀 유연하게 생각할 필요가 있습니다. 부계 혈통에 대한 강박에서 벗어나고, 그에 따른 관혼상제의 모습도 크게 달라져야 합니다.

제사의 경우 애당초 우리에게 제사의 풍습을 전수한 중국인들도 간소하게 진행하고 있는 만큼, 우리 역시 제사 문화를 융통성 있게 변화시킬 필요가 있습니다. 오래된 전통인데 사라지는 것이 아쉽다고요?

중국에 전족이라는 전통이 있었습니다. 여자아이가 서너 살이 되었을 때부터 발을 자라지 못하게 해서, 다 자라도 발의 크기가 10~13cm에 불과합니다. 여성을 사유 재산으로 여기고 도망치지 못하게 하기 위해 만들어진 이 악습은 10세기 초부터 시작돼 20세기 초까지 무려 1,000년간 지속되었습니다. 국가에서 금지했음에도 이 관습은 사라지지 않아 1949년 중국 공산당이 전족폐지법령을 만들어 강력하게 금지한 후에야 완전히 사라졌다고 합니다. 이것을 전통이라고 할 수 있을까요?

옳지 않지만 관성에 의해 따르는 것을 인습이라고 하는데 전족은 대표적인 인습 중 하나입니다. 어려서부터 발을 꽁꽁 묶었기 때문에 여자 아이들은 극심한 고통에 시달리며 1~2년은 집 밖으로 나가지 못할 정도였다고 합니다. 이렇게 야만적인 풍습이 1,000년 간 지속될 수 있었다는 사실은 우리에게 큰 교훈을 줍니다. 깨어 있지 않으면 무의식적으로 길들여진 인습이 우리를 노예로 만들어 버린다는 사실 말이지요.

지금까지 살펴본 것처럼 조상 제사를 지낸 것은 중국 문화를 흉내 낸 조선 왕조의 왕족과 일부 양반들이었으며, 일제 강점기부터 대중화되었으니 전 국민적 의식이 된 것은 100년도 되지 않습니다. 우리 고유의 문화도 아니며, 도입된 배경이 고결한 것도 아니었고, 우리 역사 속에서 오래 지속된 것도 아니고, 과도한 제사 준비로 절반의 인구인 여성들을 불편하게 해 왔으니, 제사를 변형하거나 폐지한다고 해서 분노하거나 죄의식을 가질 필요는 없을 것입니다.

그늘을 드리우지 않는 두 그루 나무처럼 사랑하라

어떤 이들은 제사도 없어지면 가족 간 만날 기회도 없어진다고 걱정하지만, 꼭 죽은 이를 매개로 만나야 할 이유가 있겠습니까? 오히려 제사 때문에 더 의미 있고 즐거운 행사를 시도해 보지 못하는 것은 아닐까요? 젊은이들이 주축이 되어 다양한 프로그램을 만들어 가족 간의 소통에 힘쓰면, 제사를 통해 만나는 것보다 훨씬 아름다운 추억거리를 만들 수 있을 겁니다.

1년에 한두 차례 가족 야유회나 가족 운동회를 열어도 좋겠습니다. 위아래를 따지지 말고 저마다 자기가 하는 일, 하고 싶은 일, 칭찬받고 싶은 일, 축하하고 싶은 일을 이야기하며 노래하고 춤추면서 삶을 행복하게 가꾼다면, 죽은 자를 위해 그렇게 애통해하며 기리지 않아도 될 것입니다. 남의 시선 때문에 마지못해 지내는 형식적인 기림보다 더 낫다는 것은 두말할 필요도 없겠지요.

조상 중에 벼슬한 사람이 있다고 어깨에 힘 줄 필요는 없습니다. 조상 중에 못된 사람이 있다고 기죽을 일도 아니지요. 에디슨, 라이트 형제, 문익점, 퀴리 부인, 슈바이처, 유관순……. 인종과 국적을 떠나 선인들의 노고 때문에 지금의 내 삶이 존재합니다. 그들 모두에게 감사할 일입니다. 그들에게 또 앞으로 태어날 후손에게 부끄럽지 않은 지구촌의 한 사람으로, 모든 억압에 저항하고, 차별을 거부하고, 서로 나누고 사랑하면서, 맑고 투명한 깨어 있는 의식으로 더불어 행복한 세상을 만들어 가며 그렇게 살 일입니다.

그러기 위해서는 우리가 새롭게 눈을 떠야 할 일이 많이 있습니다. 새로운 가정의 출발이 되는 결혼의 경우를 살펴봅시다. 호주제가 폐지되어 신랑 신부는 새로운 가정의 주인이 되었으니 '시집간다'거나 '출가외인이 된다'는 말은 틀린 표현이 되었습니다. 결혼은 성숙한 남녀가 각자의 집으로부터 정신적으로, 경제적으로, 공간적으로 독립해 새로운 가정의 주인공이 되는 것이므로 결혼식에 양가의 부모가 혼주가 되는 것도 바람직하지 않습니다. 결혼식에 최대한 사람을 불러 부조금도 많이 받고 가문의 세를 대내외에 과시하고 싶어 하는 경우가 많습니다. 호화로운 예식을 하며 부조금을 받는 것도 이상하고, 혼수가 적다며 며느리, 아내를 괄시하는 풍조도 옳지 않습니다. 모두 사랑보다는 남의 눈을 의식하는 허례에 치중하기에 벌어지는 일들입니다.

그러니 이제 허례허식은 그만두고, 부모나 외부로부터의 도움은 최소화하고, 결혼 당사자들이 진짜 주인공이 되어 소박하고 감동적인 의식을 행하면 좋겠습니다. 양가 부모와 결혼한 자식과 배우자와의 관계에서도 지나친 간섭과 의타심을 버리고 배려, 믿음, 사랑을 보여 주면 좋겠지요.

모든 인간관계에서 칼릴 지브란의 시처럼, 서로 떨어져 있지만 하나의 지붕을 받드는 기둥처럼, 서로에게 그늘을 드리우지 않고 가까이 서 있는 나무처럼, 그렇게 서로 존중하고 배려하는 삶을 살면 우리가 지구를 떠날 때, 함박웃음을 지을 수 있지 않을까요?

고은광순_여성운동가, 한의사

억, 억, 하는 혼수

며칠 전, 결혼식 날짜를 잡은 사촌 언니를 축하하기 위해 오랜만에 큰집 식구들과 저녁을 먹게 되었다. 그런데 사촌 언니의 얼굴이 너무 어두웠다. 행복한 예비 신부라기보다는 사채에 몰려 애가 타는 사람 같았다. 형부가 될 분은 이번에 사법연수원을 졸업하고 판사 임용을 앞두고 있다고 한다. 다들 부러워하는 신랑감이건만 무슨 고민이 그렇게 많을까 생각했다. 엄마도 나랑 같은 생각을 했나 보다.

"예비 신부 얼굴에 근심이 가득하네. 민영아, 무슨 고민이라고 있니?"

언니 대신 큰어머니가 한숨을 푹 쉬시고는 말씀해 주셨다.

"글쎄, 사돈 집에서 이런저런 예단 말고도 현금으로 2억을 요구하지 뭐야? 밍크 코트니 명품 가방이니 예단 장만하고 신혼부부 살림살이 꾸미는 데도 돈이 장난 아니게 드는데, 현금 혼수를 2억이나 갖다 바쳐야 하다니, 딸 하나 시집보내려다 집안 기둥 뿌리 뽑히겠어."

엄마는 밥맛이 뚝 떨어진 듯, 숟가락을 내려놓았다.

"세상에. 무슨 놈의 혼수가 억씩이나. 억, 억, 하는 혼수 마련하려다 억장 무너지겠네. 민영이가 뭐 부족한 게 있다고……. 형님은 그 집에서 달라는 대로 다 해 바칠 생각이세요? 그럼, 그만큼 해 주면 그 집에선 신부 집에 뭐 해 준답디까?"

아빠도 화가 난 모양이었다.

"그 녀석은 고작 2억짜리밖에 안 된대요? 그 녀석이 2억이면, 민영이는 100억짜리예요. 2억 줄 테니, 100억 달라고 하세요."

큰어머니와 큰아버지는 한숨만 쉬실 뿐, 아무런 대꾸도 하지 않으셨다.

나 같으면 그런 결혼은 당장 때려치우겠지만, 7년이나 사귀다 결실을 맺게 된 언니 입장은 또 다른 것 같았다. 언니는 과연 결혼식 날까지 그 엄청난 혼수를 마련할 수 있을까. 아니, 과연 마련해야 할까. 억, 억, 하는 혼수를 억장 무너져 가며 마련해 가야만, 그 결혼이 행복해지는 걸까. 지금이라도 언니의 시댁 식구들이 그 뻔뻔스러운 요구를 접고 우리 언니의 100억짜리 인품을 사랑해 주셨으면 좋겠다.

미풍양속이란 과연 무엇일까요?

결혼을 앞둔 예비 신부입니다. 혼례는 인륜지대사라더니 청첩장부터 혼수까지 준비해야 할 것이 참 많네요. 그중에서도 가장 고민되는 건 폐백입니다. 전통적으로 폐백은 시댁에만 드리는 것이라고 하지만, 요즘은 양가 부모님께 모두 하는 추세라고 합니다. 시대도 달라졌고 친정 부모님께 소외감을 안겨 드리기 싫은 마음에 예비 신랑한테 폐백은 양가 어른들께 공평하게 드리자고 권했습니다. 다행히 남편도 아무 이의 없이 제 의견에 동의했습니다.

그런데 문제는 시아버지께서 막무가내로 반대하신다는 것입니다. 시아버지께서는 '폐백은 예로부터 신랑 집안의 새 식구가 된 신부가 잘 부탁드린다는 뜻에서 시댁 어른들께 올리는 인사이기 때문에 당연히 시댁에만 드리는 것이 옳다'고 하십니다. 시어머니께서는 당신도 시집올 때 다 겪어서 제 마음을 이해할 수 있다며 시아버지를 설득해 보자고 하셨지만, 시아버지께서 너무 완강하게 고집을 부리시니까 아직 얘기도 못 꺼내 보신 눈치입니다.

시아버지께서는 '요즘 여자들이 호주제를 폐지하고 엄마 성을 물려받으면서 등 미풍양속을 해치고 있는데 친정에도 폐백을 드리자는 주장 역시 똑같이 미풍양속을 해치는 일'이라고 하십니다. 미풍양속이란 과연 무엇일까요? 사전을 찾아보면 아름답고 좋은 풍속이나 기풍이라고 나와 있네요. 다른 건 몰라도 결혼식 날 신부의 가족을 소외시키는 것이 어떻게 아름답고 좋은 풍속일 수 있을까요? 신랑 또한 신부의 새 가족이 되었으니 신부 가족들에게 인사하는 것이 당연하지 않나요?

옛날에는 신부 집에서 결혼식을 올린 뒤 1년쯤 머물다가 나중에 시댁으로 가서 인사를 드렸기 때문에 시댁 어른들한테만 폐백을 드렸겠지만, 지금은 세상이 달라졌지요. 시아버지께서는 달라진 세상을 인정하지 않으려 하시고요. 폐백도 폐백이지만, 결혼 후 완고한 시아버지 덕분에 겪어야 할 일들이 자꾸만 떠올라 마음이 무겁습니다.

현재 결혼 풍습 중에 남녀 차별을 조장하는 사례를 찾아보고, 어떤 식으로 바꾸어 나가면 좋을지 이야기해 봅시다.

"명절에 친정 가고 싶어요"

명절에는 고향집에 가서 부모님을 찾아뵙고 형제자매와 오순
도순 즐거운 시간을 보내고 싶다는 생각, 누구나 가지고 있을 것
입니다.

저는 친정이 거제도예요. 서울에서 거제도까지 가는 것, 특히
길 막히는 명절 연휴에 가는 것은 정말 쉽지 않지요. 하지만 결
혼하기 전에는 아무리 힘들어도 갔어요. 그렇게라도 부모님 얼
굴을 봐야 팍팍한 서울 생활을 꾸려 갈 힘이 생겼거든요.

하지만 결혼 후에는 본의 아니게 명절 귀성을 포기해야 했어
요. 다른 여자들처럼 명절날 시댁에 갔다가 명절 다음 날 친정을
가자니 친정이 너무 멀었거든요. 사실 수원에 있는 시댁에는 가
족 행사 등 이런저런 일로 거의 한 달에 한두 번씩은 가는데, 결
혼한 지 5년이 지나도록 친정에는 지난 여름 휴가 때 딱 한 번

갔네요.

이런 사실을 잘 알면서도 먼저 친정에 가자고 말을 꺼내 주지 않는 남편한테 섭섭한 마음이 들더라고요. 부모님, 형제자매들을 너무 보고 싶고 명절을 명절답게 즐기고 싶은 마음에 고민 끝에 남편에게 말을 꺼냈습니다.

"여보, 이번 설에는 거제도 가고 싶어."

"거제도에? 갑자기 왜?"

"가족들 본 지 너무 오래됐잖아. 우리 애들 얼마나 컸는지도 보여 드리고 싶고. 당신, 명절에 처가는 당연히 안 가도 된다고 생각하는 거야?"

"내가 장남인데 명절날 처가에 가 있으면 당신이 욕먹지."

"그럼 거제도에는 언제 가? 수원에는 한 달에 한두 번씩 가는데 나는 우리 가족들 본 지 1년도 넘었어. 엄마도 언니도 우리 애들 보고 싶다고 난리야."

남편은 일단 수원에 가서 부모님께 말씀을 드려 보자고 했습니다. 저도 은근히 소심한 성격이라 시부모님께서 이 일로 많이 언짢아하시면 어떡하나 노심초사했어요. 그런데 시어머니께서는 의외로 시원스럽게 허락해 주셨습니다.

"우리 집에는 매달 오잖니? 그러니까 이번 명절에는 친정 가서 아기도 보여 드리고, 형제자매도 만나고 오렴."

시어머니 허락을 받고 나니 정말 날아갈 것 같았습니다. 한편으론 내가 내 집에 가는데 이렇게까지 마음을 졸여야 하나 싶기도 했지만요.

원래 그런 게 어디 있어?

선생님께서 나의 성씨와 족보, 조상에 대해서 조사해 오라고 숙제를 내 주셨다. 집에 와서 엄마한테 여쭤 보니 잘 모른다고 하셨다. 저녁때 회사에서 돌아오신 아빠께 여쭤 보았다.

"아빠, 학교에서 성씨와 족보에 대해 조사해 오랬어요."

"그래? 우리 집안은 안동 김씨이고 유명한 양반 가문이지."

아빠는 자랑스럽게 서재 한 면을 가득 채운 족보를 꺼내어 훌륭한 조상들의 함자와 돌림자에 대하여 설명해 주셨다. 그런데 아빠 이야기를 들으면서 궁금한 게 생겼다.

"그런데 왜 아빠 조상만 제 조상이에요? 엄마 조상은 제 조상이 아닌 거예요?"

"원래 그런 거야."

원래 그런 거라니? 나는 엄마, 아빠, 두 분한테서 유전자를 물려받았는데, 왜 아빠 조상만 내 조상이라고 하는 거지?

"그리고 아빠. 우리 집안 족보에 왜 제 이름이 없어요?"

"족보에는 원래 아들 이름만 올리는 거야. 요즘엔 더러 딸 이름도 올리더라마는, 우리 집안은 전통을 고수하는 편이라……. 지민이 너는 나중에 네 남편 집안의 족보에 누구누구 부인으로 이름이 올라가는 거란다. 만약 네가 홍길동에게 시집을 가면, 홍씨 집안 족보에 홍길동의 자리가 있잖아. 그 옆에 조그맣게 '배우자 김지민'이라고 이름이 올라가는 거야."

"왜 그래야 되죠?"

"그게 우리나라 전통이니까. 원래 그런 걸, 뭐."

도대체 뭐가 '전통'이고, 뭐가 '원래 그런 것'일까?

〈본문 돋보기 2〉는 주변에서 흔히 볼 수 있는 전통 풍습에 관련된 이야기입니다. '원래 그런 것'이라거나 '전통'이라고 불리는 남성 위주의 풍습에는 어떤 것들이 있는지 찾아보고, 자신이라면 어떻게 해결할지 이야기해 봅시다.

가정법원장 "호주제 폐지 반대"

황인행 서울 가정법원장이 25일 국회법사위 국정감사에서 "호주제 폐지에 찬성하지 않는다"고 말해 논란이 예상된다.

황 원장은 이날 오후 한나라당 심규철 의원이 "법무부가 마련 중인 가족법 개정안에 따라 호주제가 폐지될 경우 호적부 정리 등에 많은 시간과 비용이 들 텐데 그만한 비용을 치를 만큼 현행 호주제가 문제가 많다고 생각하느냐"는 질문에 이같이 답했다.

황 원장은 "호주제에 대해 여성계로부터 많은 문제가 제기돼 호주상속제가 호주 승계제로 바뀌었고 이에 따라 여성도 호주를 승계할 수 있게 됐다"며 "호적부를 없앤다고 해도 가족 관계를 나타내는 명부는 있어야 하기 때문에 비용과 노력 등을 감안, 현재로서는 호주제를 폐지할 환경이 아니라고 생각한다"고 말했다.

황 원장은 "어떤 제도를 택할지는 사회 구성원의 컨센서스(합의)를 모아 입법적으로 해결할 문제"라고 덧붙였다.

《매일경제》, 2003년 9월 25일 자

성균관 등 호주제 폐지 반대 집회

호주제 폐지에 반대하는 전국 유림과 시민단체가 15일 오후 서울역 광장에서 '호주제 수호 범국민 궐기 대회'를 열었다. 이날 집회에는 성균관 소속 전국 234개 향교, 성균관 유도회 16개 시도 본부와 301 개 지부, 전국 16개 향교재단이사회, 여성유도회 중앙회와 지부 등 유림과 호주제폐지반대시민단체연합, 자유시민연대, 헌법을 생각하는 변호사 모임 등에서 1만여 명이 참가했다.

최근덕 성균관장과 이자현 호주제폐지반대시민단체연합 대표 등은 이 날 집회에서 국회에 보내는 탄원서를 발표하고 "어느 나라든지 자기 나라에 걸맞은 가족 체제가 있으며 우리나라도 오랜 역사 전통으로 호주제가 존속했는데 이것을 일제 잔재라고 주장하는 것은 혹세무민"이라며 "시대가 변해도 변하지 않는 제도가 부모 자식 간 천륜 관계이며 남녀 혼인이나 성과 본의 계승, 부부 별성제는 헌법 이전에 민족 문화이기 때문에 호주제 폐지를 골자로 한 가족법 개정안이 국회에서 통과돼서는 절대 안 된다"고 주장했다.

호주제 및 동성동본 금혼법 철폐 등을 주요 내용으로 하는 가족법 관련 개정안은 현재 국회 법사위에 상정돼 있다.

《문화일보》, 2004년 12월 15일 자

"호주제 폐지하면 가족 해체되는 것"

헌법재판소의 호주제 헌법 불합치 결정으로 호주제 폐지가 기정사실화했지만 논란은 계속되고 있다. 21일 호적을 대체할 신분공시제도에 관한 국회 법사위 공청회에서도 호주제 폐지 반대 목소리가 빠지지 않았다.

진술인으로 참석한 한국성씨총연합회 정환담 가족법연구원장(전남대 법대 교수·사진)은 호주제 폐지에 대해 "한마디로 전통 문화가 깨지고 가족이 해체되는 것"이라고 말했다. 정 원장은 진술 초반부터 호주제 폐지의 부당성을 역설했다.

"민법 778조의 호주제는 가족의 대표 명의일 뿐 어디에도 가부장적이거나 양성 불평등적 조항이 보이지 않습니다. 또 전통 가족 공동체가 삼국 시대 이래로 존립해 왔고 그 공적 가족 명부가 호적으로 설치돼 계승되어 왔음은 명백한 역사적 사실입니다."

이 같은 인식 아래 정 원장은 공청회에서 법무부 김현웅 법무심의관이 호적의 대체안으로 제시한, '1인 1적篇' 신분 등록제에 대해서도 고개를 저었다. "호주제 위헌론(헌법 불합치론)만을 이유로 가족 제도의 전면적 해체를 전제로 한 신분 등록제를 확정하려는 것은 비논리적일 뿐 아니라 많은 혼란을 야기할 것"이라는 게 정 원장의 주장.

김 법무심의관이 제시한 신분 등록 방안은 개인별로 한 개의 신분 등록부를 만들되 원부에는 본인뿐 아니라 배우자, 부모, 자녀, 형제 등 가족의 신분 정보도 기재해 일종의 '가족부' 형식을 갖추도록 하고 있다.

정 원장은 결론적으로 "국민 생활의 기본 질서인 호주와 가족법 제도가 정치적 계산에 의해서 함부로 농단되는 것은 결코 용납될 수 없는 일"이라고 말했다. 호주제 폐지와 1인 1적 신분 등록제 제정 추세에 대해서는 "요즘 유행하는 포퓰리즘(대중영합주의)"이라고 규정한 뒤 법사위원들에게 "(포퓰리즘에) 휩쓸리지 말기 바란다"고 충고했다.

반면 곽배희 한국가정법률상담소장은 "대법원과 법무부의 신분 공시안은 몇 가지 세부적인 문제점을 보완한다면 현행 호적 제도를 대체하기에 큰 문제가 없다"고 긍정적으로 평가했다.

이와 관련, 김 법무심의관은 "법무부의 대안은 1인 1적제와 가족부제의 장점을 종합하고 목적별 증명 방식을 도입한 것"이라고 설명했다.

《세계일보》 2005년 2월 21일 자

새로운 이름을 갖게 되던 날

나는 새아빠, 언니와 성이 달랐다. 엄마와 새아빠가 재혼을 하면서 생긴 이 일은 나를 너무 힘들게 했다. 짓궂은 남자아이들을 언니와 내가 성이 다르다고 놀려 댔고, 신경 쓰지 않으려고 해도 자꾸 내 머릿속에서 맴돌았다. 착한 언니는 나를 다독여 주었지만 집에 와서 혼자 운 적도 많았다. 엄마한테는 말도 못 꺼냈다. 내가 적응을 못할까 봐 새아빠와 언니는 나에게 너무나도 잘해 주었다. 하지만 예전 아빠의 성을 가진 내 이름이 우리 사이에 보이지 않는 벽을 느끼게 했다.

그러던 어느 날, 새아빠의 성을 쓸 수 있게 됐다고 했다. 호주제가 폐지됐다는 것이다. 솔직히 호주제가 뭔지는 잘 모르겠지만 이젠 더 이상 놀림을 받지 않아도 된다는 사실에 너무 기뻤다. 사실 내 성씨 때문에 우리 집이 재혼 가정이라는 것이 드러나는 것 같아서 늘 마음에 걸렸다.

드디어 내가 '박' 씨에서 '신' 씨가 되던 날, 나는 엄마 품에 안겨 엉엉 울었다. 뭐가 그리 서러웠는지는 모르겠지만 눈물이 폭포처럼 쏟아졌다. 달라진 내 성이 어색하기도 했지만 이제야 비로소 한 가족이 된 기분이다. 나는 지금 우리 가족이 너무나도 좋다. 만약 호주제가 폐지되지 않았으면 나는 평생 조금은 겉돌았을 것이다. 다른 사람들은 모르는 이 기분…… 그 글자, 성씨 하나에 나는 울고 웃었다.

나는 어머니 아들이잖아요

나는 아버지에 대해 아는 것이 없다. 한 가지 아는 것은 내 성씨가 아버지의 성에서 따온 것이라는 것밖에는. 어머니는 아버지에 대해 아무 말도 안 하신다. 물론 나도 어머니께 묻지 않는다. 말하지 못할 만한 사정이 있을 거라 믿을 뿐이다.

아버지에 대해 알려 준 건 이모였다. 아버지는 어머니가 임신한 사실을 알고 우리를 버리고 도망을 갔다고 한다. 그 말을 듣자마자 나는 너무나도 화가 났다. 혼자서 나를 낳고 키운 어머니가 불쌍하기도 하고, 어머니께 죄송하기도 했다. 언젠가는 아버지를 만날지도 모른다는 기대를 가지고 있었던 내 자신이 싫어졌다.

고민 끝에 나는 어머니께 내 성을 어머니 성으로 바꾸겠다고 선언했다. 얼굴도 모르는 아버지 대신 나를 낳고 키워 준 어머니 성을 따르겠다고. 어머니는 그게 무슨 소리냐며 마구 화를 내셨다. 남들이 뭐라 생각하겠냐는 것이었다. 하지만 어머니도 내 굳은 결심을 바꾸지 못했고, 나는 결국 내 성을 어머니의 성으로 바꾸었다.

모든 사람이 반드시 아버지의 성을 따라야만 했던 제도가 없어져서 너무나도 다행이다. 안 그랬으면 나는 평생 아버지의 성을 꼬리표처럼 달고 힘들게 살았을 것이다.

2008년 1월 1일 호주제가 폐지되기 전에는 호주제를 둘러싼 찬반 입장이 첨예하게 부딪혔습니다. 〈본문 돋보기 2〉를 읽고 호주제 폐지를 반대하는 입장을 반박하면서 호주제 폐지의 정당성을 이야기해 봅시다.

시할아버지 제삿날

오늘은 시할아버지 제삿날이다. 오전 내내 장을 보고 오후 내
내 제수를 장만하여 밤 12시에 제사를 지내고 음복하고 치우면
새벽 3시다. 나도 때로는 꾀를 피우고 싶지만, 평생 제사에 치여
살아오신 시어머니 눈치가 보여 내 나름대로는 열심히 해 본다.
부엌 바닥에 커다란 전기 프라이팬을 놓고 전을 부치는데 식탁
에서 콩나물을 다듬던 시어머니께서 혼잣말처럼 말씀하셨다.

"둘째는 꼭 아들 낳아라."

한 번도 아들 타령을 하지 않던 분이 그런 말을 하시기에 나
는 너무 놀라 물었다.

"어머니, 갑자기 무슨 말씀이세요?"

"내가 딸이 셋이나 있지만 다 자기네 시댁 제사를 모시잖니?
그나마 아들이 하나라도 있으니까 이렇게 제사를 모시지. 딸 키

위 봤자 소용없다. 시집가면 그만인데 뭘. 너도 며느리니까 제사 준비하는 거고 나도 역시 그랬고."

"어머니, 저는 제사 같은 것에 미련 없어요. 살아 있을 때 효도 받는 게 좋지, 죽은 다음 제삿밥 얻어먹는 게 무슨 소용인가요?"

"요즘 젊은 사람들은 다 그렇게 생각하니? 그래도 제사를 지내야 1년에 한 번이라도 자손이 조상을 기릴 수 있는 거지. 나는 옛날 사람이라 그런지 죽은 다음에라도 너희들한테 기억되고 싶은데……."

나로선 이해하기 힘들지만, 시어머니의 마음을 알 것도 같다.

"제가 아버님, 어머님 제사는 챙길 테니까 걱정 마세요! 물론 지금보다는 훨씬 간소하겠지만요. 제사 시간도 여덟 시쯤으로 앞당길 거예요."

"…… 시대가 바뀌는 걸 어쩌겠니? 이제 탕국하고 콩나물 무 국만 끓이면 되지?"

"제가 할게요. 어머니는 좀 쉬세요. 남은 것들은 저 혼자도 할 수 있는 음식이에요."

시어머니는 식탁에서 허리를 일어서는 것도 쉽지 않은 모양이다. 나도 허리가 뻐근하고 발바닥에 불이 나는 듯하다. 당장 내년부터 제사 음식 가짓수를 확 줄이고 제사 시간도 앞당기자고 해야겠다.

조상의 날, 어떤가요?

오늘은 '조상의 날'이다. 아빠, 외삼촌, 이모네 집이 모두 모일 수 있는 날을 정해서 외조부모님께서 쉬고 계신 납골묘로 향한다. 우리 집에서는 외할아버지께서 생전에 즐겨 드시던 막걸리와 두부 김치, 빈대떡을 챙겨 간다. 외삼촌네는 외할머니께서 좋아하셨던 쑥떡과 잡채, 커피를 가지고 온다. 이모는 우리가 다 함께 먹을 수 있도록 김밥, 초밥, 샌드위치 같은 것들을 만들어 온다.

나는 첫 손자라고 외할머니한테서 사랑을 많이 받았다. 외할머니 얼굴도 기억 못 하는 어린 사촌 동생들과는 입장이 다르다. 그래서 특별히 용돈을 모아 납골묘 입구에 있는 꽃집에서 노란 국화를 한 다발 산다.

저만치 먼저 와서 돗자리를 깔고 있는 이모네 식구들이 보인다. 우리는 외할아버지, 외할머니 납골묘 앞에서, 내가 고등학생이 되었다는 얘기, 우리 아빠 당뇨병이 많이 좋아졌다는 얘기, 외삼촌이 직장에서 승진했다는 얘기 등, 새로운 소식을 들려 드리고는 다 함께 인사를 올린다. 그 다음부터는 맛있는 음식을 먹으며 수다를 떨고 사촌들이랑 장난치고 논다.

우리 큰아버지는 제사 문제 때문에 걸핏하면 큰어머니와 싸우신다. 내 짝 승윤이네도 제사 때문에 아버지 형제들이 크게 싸우셨다고 한다. 다른 집들도 우리 외갓집처럼 제사를 지내지 말고 조상의 날을 정해서 가족 나들이를 하면 싸울 일도 없고 가족

사이도 더 돈독해질 텐데……. 어른들은 왜 굳이 제사를 지내려
고 하는지 모르겠다.

〈본문 돋보기 4〉는 제삿날을 '노동의 날'로 보내고 있는 여성들의
이야기와 간소하고 화목하게 조상을 기리는 가족들의 이야기를 대
조적으로 보여 주고 있습니다. 여러분의 가정에서는 제사를 어떻게
지내고 있는지 이야기해 보고, 제사의 의미를 되새기며 조상을 기리
는 방식에 대해 토론해 봅시다.

2. 여성의 본보기 신사임당(?)

현모양처는 모든 여성의 기본 임무?

신나게 달리던 버스가 갑자기 멈춰 섰습니다. 운전기사가 거칠게 경적을 울리더니 욕을 해 댑니다.

"XX, 여자가 집에나 처박혀 있을 것이지."

버스 바로 앞에는 여자가 운전하는 승용차 한 대가 건너는 사람 없는 횡단보도에 바퀴를 걸치고는 신호가 바뀌기를 기다리고 있습니다. 버스가 횡단보도를 지나려 할 때 노란불이 들어오고 앞서 가던 승용차가 '소심하게도' 멈춰 섰나 봅니다. 그러니 노란불쯤이야 무시해 오던 '대범한' 기사 아저씨가 얼마나 답답했겠습니까?

남녀평등이니, 여성 상위 시대니 하며 요란스럽게 떠들어 대면서도 이런 일은 쉽게 찾아볼 수 있습니다. 여성들은 얌전하게 순종하고, 앞에 나서지 말고, 쓸데없이(?) 돌아다니지 말라고 강요당하기 일쑤죠. 이런 요구는 단기간에 완벽히 사라질 것 같지 않습니다. 현모양처(어진 어머니인 동시에 착한 아내)와 요조숙녀(품위 있고 얌전하고 조용한 여자)에 대한 환상이 아직도 넓게 펴져 있으며 사회가 끊임없이 그것을 요구하기 때문입니다. 여전히 우리는 "여자가 너무 많이 알면 팔자가 세다" "여자가 똑똑하면 시집가는 데 지장이 있다" "무재주가 상팔자"라는 말을 심심찮게 듣습니다.

우리 청소년들의 생각은 많이 달라지고 있지만, 우리 사회를 이끌어 가는 고위직 공무원이나 정치인 같은 사람들은 툭하면 "여성의 기본 임무는 충실한 어머니와 선량한 부인이 되는 것"이고 "여성에게는 출산과 양육이 인생의 우선순위가 되어야 한다"는 성 역할을 고정시키는 발언을 반복합니다.

'현모양처는 여성의 기본 임무'라는 생각으로 가장 많이 이득을 보는 집단은 누구일까요? 바로 이 사회를 지배하는 기득권층입니다. 그들은 여성이 마땅히 해야 할 기본 임무 외에 부가적 노동을 하고 있다는 논리로 여성의 노동력을 싼값에 착취합니다. 불황기에는 역시 같은 논리로 여성 노동자를 가장 먼저, 손쉽게 해고하지요.

또한 여성이 출산과 양육이라는 사회적 재생산의 짐을 개인적 차원에서 해결해 주면, 국가 관료 집단은 마땅히 그 일에 써야 할 예산을 다른 일, 이를테면 무기를 사거나 댐을 만들거나 하는 사업(지구 환경의 관점에서 보면 지구적 재생산의 그물을 파괴하는 일)에 투입합니다. 남성이 가사와 양육이라는 번거롭고 힘든 재생산 노동에 신경 쓰지 않고 사회적 노동에 전념하는 것과는 전혀 다르지요.

가사와 양육이 적성에 잘 맞는 여성이 현모양처가 되는 것은 좋은 일입니다. 하지만 모든 여성에게 현모양처 되기를 강요하는 사상은, 자본가·관료·남성이라는 자본주의 가부장제의 기득권층이 만들어 낸, 그들을 위한, 그들의 논리일 뿐입니다.

사회화 과정을 통해 만들어지는 여성상과 남성상

뉴기니아의 챰불리 족은 여자가 경제권을 쥐고 있으며 지배적이고 공격적인 데다가 몸단장도 좋아하지 않고 삭발까지 한다. 그 반면 남자는 수동적이고 예술적이며 몸단장을 좋아하고 섬세하고 나약한 성격이었다. 그래서 여성의 모습이 새겨진 조각품은 어떤 강력한 힘을 상징하는 것으로 쓰였다. 아라페쉬 족은 남녀가 다 유순하고 부드러우며 태생부터 남녀가 다르다는 인식이라곤 전혀 없었다. 문두구머 족은 남녀가 다 공격적이며 남성과 여성은 본래부터 서로 경쟁 관계에 있다.

이러한 연구 결과는 원시 사회일수록 남녀의 기질과 기능에 차이가 없고, 오히려 그 종족 자체가 강조하는 어떤 기질이 남녀 모두에게 나타나 역할 분담 등에는 남녀 구분이 분명하지 않다는 결론을 내리고 있다.

《7가지 여성 콤플렉스》, 여성을 위한 모임, 현암사

이처럼 우리가 절대적인 것이라고 믿어 온 여성적인 것과 남성적인 것의 차이는, 변할 수 없는 진리가 아니라 우리가 사는 사회가 그렇게 생각하도록 만들어 온 것이며 앞으로 얼마든지 변해 갈 수 있는 것입니다. 지금의 관습을 무조건 유지시키려는 보수적인 사람들은 여성과 남성의 역할 구분이 변할 수 없는 것이라는 환상을 퍼뜨리고 싶겠지만, 그런 생각들은 서서히 깨지고 있습니다.

현모양처, 요조숙녀가 이상적인 여성상이라는 생각은 사회를 통해 얻어진 것인데, 이러한 사회화 과정은 태어나면서부터 죽을 때까지 가정, 학교, 직장 등에서 가족, 친구, 교사, 대중 매체 등을 통해 넓게 이루어집니다. 특히 거대하고 체계적인 사회화 기구인 학교는 우리들의 사고 체계를 형성시키는 데 지대한 영향을 미칩니다.

〈설〉의 어머니 예찬 뒤에 숨은 희생

〈설〉이라는 수필, 혹시 읽어 본 적 있나요? 예전에는 국어 교과서에 실려 있었고 여전히 중고생들이 꼭 읽어야 할 수필로 꼽히는 작품인데요. 어릴 때 설을 준비하시는 어머니의 모습 - 밤 늦게까지 온 가족의 설빔을 만들고, 엿을 고고, 빈대떡을 부치고 밤을 새워 흰 떡을 만드시는 - 을 떠올리면서, 현대에는 이런 정성과 사랑이 사라지고 있다고 아쉬워하는 내용이지요.

한국 여성들의 그 정성과 사랑을 우리는 이어받지 못하고 있다는 생각이 든다. 옛날의 우리 의생활과 식생활은 여성들의 무한한 노고와 인내를 요구하는 것이었지만, 우리 여성들은 오로지 정성과 사랑으로, 노고를 노고로 알지 않고, 인내를 인내로 알지 않았다. 밤새도록 시어머니의 버선볼을 박던 며느리, 손 시린 한겨울에도 찬 물을 길어다 흰 빨래를 하고 풀을 먹이고 다듬이질을 하고, 희미한 호롱불 밑에서 바느질을 하던 아내와 어머니, 한국 여인들의 그 아름다운 마음씨를 누가 감히 따를 수 있을까?

〈설〉, 전숙희

이 글은 여성들의 이런 정성과 사랑이야말로 오늘날 삭막해져 가는 우리의 생활을 인간다운 것으로 되돌리며, 현대인의 고독을 치유하는 길이라고 자신 있게 말하고 있습니다. 글쓴이의 말에 따르면 우리 사회가 삭막해져 가는 것은 여인들이 옛날에 비해 사랑과 정성을 제대로 쏟지 않기 때문이라고 합니다. 정말 그럴까요?

우리 어머니, 우리 누이들은 옛날이나 지금이나 여전히 정성과 사랑으로 가사 노동을 합니다. 옛날보다 생활이 편리해진 면도 있지만 직장 일까지 함께 하는 여성들이 많이 늘었고, 사회가 복잡해지고 생존 경쟁이 심해져 자녀 교육 등 여러 가지 문제에도 신경을 써야 합니다. 특히 가정 형편이 넉넉지 않은 어머니들은 생계를 이어 가기 위해 힘겨운 노동을 해야 합니다.

우리 어머니는 열여덟 살에 시집와서 밭농사, 논농사, 가정 살림, 시부모님 모시기, 애들 키우기 등 그 고생이 이루 말할 수 없었고, 외출조차 마음대로 할 수 없었다고 한다.

일남사녀를 두신 어머니는 일찍 일어나서 우리들을 학교에 보내고 그때부터 집안 청소를 잠시 하고, 이른 시간에 들로 나가신다. 어떨 땐 점심까지 싸 가지고 가서서 저녁에 들어오신다……. 그래서 주위에서 아버지는 청춘인데 어머니는 늙었다는 말을 많이 한다. 한번은 아버지와 어머니가 외출을 하셨을 때, 어떤 분이 아버지께 "자네 어머님인가" 하셨다는 것이다.

《내가 만난 여자. 그리고 남자》, 오한숙희, 그린비

위의 글에서는 농촌 어머니의 삶을 제시하고 있지만, 도시 어머니들도 일의 내용이 다를 뿐이지 가족을 위해 쉴 새 없이 동동거리며 일하는 모습은 크게 다를 바 없습니다. 현실이 이러한 데도 여성들이 사랑과 정성이 부족해 사회를 삭막하게 만든다고 하는 것은 무언가 잘못돼도 한참 잘못된 이야기지요. 과연 여성들이 좀 더 희생한다면 사랑이 사라져 가는 우리 사회의 병을 근본적으로 고칠 수 있을까요?

어머니의 사랑과 정성은 수천, 수만 배의 결실을 맺는 밀알이지만, 이러한 어머니 예찬 뒤에 여성의 일방적 희생을 당연시하거나 심지어 강요하는 속임수가 감춰져 있지 않은지 살펴볼 필요가 있습니다.

학교에서의 남녀 편 가르기

우리는 학교에서 교과서에 담긴 내용만을 배우는 것이 아닙니다. 오히려 친구들이나 선생님에게서 많은 것을 배웁니다. 우리의 여성상도 학교생활의 영향을 받으며 만들어지지요. 그러면 유치원부터 고등학교에 이르기까지 어떻게 남성과 여성의 편 가르기가 이뤄지는지 몇 가지 예를 들어서 살펴볼까요? 다음은 어느 유치원의 교육 사례입니다.

사례1 수업이 시작되었는데도 운동장에서 들어오지 않는 여자아이가 있으면 남자아이를 시켜서 데려오게 하고, 교사가 자리를 비울 때는 남자아이에게 감독 역할을 맡긴다.

사례2 자유 놀이의 정리 시간에 청소하는 일이 여자아이에게 맡겨졌다. 남자아이들은 청소에 거의 참여하지 않는데 여자아이들은 비질, 걸레질을 하였다. 교사는 청소를 잘하는 여자아이에게 칭찬을 해 주었다.

《학교 교육과 성차별》, 미래사

이 같은 교육 방식에 의해 남자는 적극적이고 씩씩한 태도를, 여자는 소극적이고 온순한 태도를 기르게 됩니다. 선생님들이 학생들에게 아무렇지 않게 건네는 말도 현모양처 형 여성을 만드는 데 한몫합니다. '여학생이 차림새가 뭐야?' '여자 웃음소

리가 왜 그렇게 크냐?' '사내 녀석이 울긴' '남자라면 해 볼 만
하지 않아?' '여자는 애교가 있어야지.'

　실제 복장 지도를 할 때도 여학생에게는 '여학생이기 때문에'
단정하고 깨끗한 것을 요구합니다. 블라우스 깃이 조금만 더러
워도 이런 꾸지람을 듣기 십상이지요. '여자애가 이렇게 지저분
해서 시집이나 갈 수 있겠어?' 이 말은 여성은 자신의 옷차림을
깨끗하게 유지해야 된다는 생각뿐 아니라, 남편과 아이들의 위

생이 '여성의 몫'이라는 생각을 전제로 하고 있습니다.

한 가지 예를 더 들어 볼까요? ㄷ고등학교에서 여학생 반 담임을 맡은 김 선생님은 학년 초에 학생들과 의논하여 '진리·용기'를 급훈으로 정했다고 합니다. 그러자 교감 선생님이 '정숙·순결' 같은 좋은 말들이 많은데, 하필이면 '용기' 같은 것을 택했냐며 핀잔을 주더랍니다.

여러분 반의 급훈은 어떤 내용인가요? 여전히 많은 수의 남학교 급훈은 주로 진취적이고 사회적이며 능동적인 용어들, '창조, 신의, 스스로 행하자' 등입니다. 반면 여학교에서는 '진선미, 참되고 아름답게, 인내' 등 수동적이고 견디는 인간형을 급훈으로 내걸고 있습니다.

새 모습으로 바뀌어야 할 교과서 속의 봉건적 여성상

어린이들에게 가장 존경하는 한국 여인이 누구냐고 물으면 반이 넘는 수가 신사임당이라고 대답합니다. 어른들도 마찬가지이지요. 이처럼 신사임당을 한국의 이상적 여인상으로 생각하도록 만드는 데 큰 영향을 준 것은 교과서입니다. 신사임당은 수십 년 동안 교과서를 통해 어린이들이 본받아야 할 인물로 소개되었습니다. 도대체 신사임당이 어떤 인물이기에 이토록 교과서에서 떠받들고 있는 것일까요?

우리가 알고 있는 사임당은 훌륭한 여성입니다. 홀어머니를

생각하며 눈물짓던 효녀요, 현명하게 남편을 내조해 화를 면하고 벼슬길에 오르게 한 아내요, 아홉 번 과거에 합격한 대학자 율곡의 어머니입니다. 게다가 말과 행동에 겸손함이 배어 있는 요조숙녀였죠.

한데 기록으로 전해지는 사임당의 삶은 가부장제적 현모양처의 화신과는 거리가 멉니다. 사임당과 율곡의 유적이 가장 많이 남아 있는 강릉은 원래 사임당의 외가가 있던 곳인데, 사임당의 어머니는 그 집에서 친정 부모를 모시고 살았습니다. 외가에서 성장한 사임당 역시 아들 없는 집의 맏딸로서 이원수와 결혼한 다음에도 친정 부모를 살뜰히 섬겼지요. 남편인 이원수와는 대등하다 못해 오히려 한 수 가르쳐 주는 관계였으며, 셋째 아들인 율곡으로 하여금 친정집의 제사를 지내게 했습니다. 오늘날 태어났더라면 원만하면서도 의로운 성품으로 한 가정을 잘 꾸리면서 예술가로서의 재능을 발휘함은 물론, 호주제 폐지 운동에도 앞장섰을 법한 여성인 것이지요.

한국은행은 신사임당 선정 이유를 "남편을 내조하여 벼슬의 길로 나아가게 하여 아내의 소임을 다하고, 사랑과 엄격한 교육으로 이이를 조선의 대학자로, 매창을 예술가로 성장시켜 영재 교육에 남다른 성과를 보여 주었다"고 하였다. 이는 전형적인 '현모양처' 이념으로 '어머니'라는 '여성'을 통해 부계 혈통을 계승할 뿐 아니라 번성시킨다고 하는 가부장제의 오랜 기획이었다. 이러한 구시대적 여성 차별 기획이 한국은행에 의해 재현되고 있음에 경악을 금할 수 없다.

더구나 개인의 역량에 따라 각자에게 주어진 재능을 펼치고 사는 것이 시대적 상식이 되었음에도 불구하고 "출세"와 "영재 교육" 운운하는 한국은행의 발언에 충격을 금할 수 없다.

－5만 원권 화폐 신사임당 초상 선정에 대한
〈여성단체 공동 성명서〉 내용 일부

저희가 지금 화폐 도안 인물로 신사임당이 부적절하다고 비판하고 있는데, 비판 대상은 실존했던 인물로서의 신사임당이 아닙니다. 실존했던 신사임당은 우리가 사랑하고 존경하고 재해석하며 여성 자원으로서 가꿀 수 있는 소중한 인재라고 생각을 합니다. 하지만 신사임당 선정을 비판하는 이유는 우리가 지금 알고 있는 현모양처의 전형으로서의 신사임당이 가부장제 사회가 자기들의 이익을 위해 선택하고 가공해 낸 역사적 아이콘이기 때문입니다.

－5만 원권 화폐 신사임당 초상 선정에 대한
〈문화미래 이프〉 기자 회견 내용 일부

그렇습니다. 교과서에 실린 신사임당은 봉건 사회의 산물이자 가부장제의 이익에 봉사하는 박제된 현모양처입니다. 하지만 이는 신사임당의 진짜 모습이 아닙니다. 이제는 신사임당에 대한 진취적인 재해석이 진행되어야 하지 않을까요? 아울러 전통적인 여인상을 강조하는 틀에서 벗어나 교과서에서 주체적이고 진취적인 여성 인물들을 적극적으로 다루어야 할 것입니다.

여성다워지기 전에 인간다워지기 위한 고민을

현모양처, 요조숙녀의 환상은 봉건 시대의 정신적 유물입니다. 이러한 허위의식에 길들여진 여성들은 집 밖에서 어떤 일이 일어나는지 거의 관심조차 없습니다. 남편의 성공이 곧 나의 성공이라는 신념으로 열심히 뒷바라지하다 보면 어느덧 늙어 가고……. 그래도 이게 다 여자의 도리이겠거니 하며 참아 냅니다.

언젠가 텔레비전에 출연한 한 여성이 "미국에서는 대통령을 뽑을 때 그 사람이 어떤 옷을 좋아하는가를 보고 찍기도 한다"고 말한 기억이 납니다. 이 말 속에는 여성의 정치적 관심을 집어삼킨 독사가 또아리를 틀고 앉아 있습니다. 현모양처 의식의 한 변형이지요. 바꿔 말하면 대통령의 콧수염을 보고 찍을 수도 있을 테고, 심하게 말하면 볼펜을 돌려 찍을 수도 있겠지요.

현모양처는 좋은 말입니다. 문제는 여성의 관심사를 가정 안으로 묶어 놓고, 사회에 대한 참여 의식을 없애고, 일하는 여성들의 이중 노동을 당연한 것으로 여기게 하여, 좀 더 살기 좋은 세상을 만드는 것을 가로막는다는 데 있습니다.

사람들은 말한다. 여자 목소리가 담을 넘어가도 아니 되고, 여자는 얌전하고 교양 있게 얘기를 해야 하며, 행동도 조용해야 한다고. 그러면 우리는 무언가? 자로 잰다면 우리는 여자로선 제로 아닌가. 큰소리로 하지 않으면 말이 전달이 안 되고 작업복을 입고 분주하게 기계 사이를 오가며 일해야 하니 자연히 행동이 덤성덤성하다. 이나라의 산업 발전과 경제 성장을 위해 밤잠도 못 자고 땀 흘리는 우리에게 돌아오는 대가가 공순이라며 천시하는 명칭과 세상에서 말하는 여자다움이 박탈되는 거라면 우린 뭔가?

《빼앗긴 일터》, 장남수, 창작과비평

여성다움이란 것이 일하지 않고 외모나 가꾸고 허영심이나 만족시키는 것이라면, 땀 흘려 노동하는 여성은 '여성다움'에서 한참 멀어져 있는 사람들이겠지요. 하지만 과연 그럴까요? 자기 생계를 스스로 책임지기 위해, 꿈을 이루고 자아를 실현하기 위해, 땀 흘리는 여성 노동자들의 모습이 아름답지 않습니까?

여러분 자신을 돌아보십시오. 힘차게 날아오를 수 있을 것 같은 패기와 활달함이 아름답지 않습니까? 앞장서서 어려운 문제를 해결하고, 옳지 않은 것을 바로 잡는 일에 나서는 인간이 바람직하다고, 그런 사람이 되고 싶다고 바라고 있지 않습니까? 그런 바람과 의지가 여자답지 못한 것이라면, 여자답다는 것은 얼마나 한심한 것일까요?

그러니 우리는 '여자답다', '남자답다' 라는 고정 관념에서 벗어나야겠습니다. 그리고 인간다워지기 위한 고민을 시작해야 합니다. 여성들이, 또 남성들이 현모양처를 이상적 여인상으로 고집하는 한 여성들은 숨은 능력을 잠재울 수밖에 없고, 많은 여성들이 부엌 밖의 세상을 볼 수 없을 것입니다. 남성들 또한 자유와 평등의 새 땅에 들어가지 못할 것입니다.

우리교육 출판부

학교 다니면서 이런 말들 정말 듣기 싫어요!!

선생님. 우리에게 해 주시는 말씀 중에는 도움이 되는 이야기가 많지만 정말 듣고 싶지 않은 이야기들이 있어요.

"여자도 성공해야 한다. 여자도 진취적이어야 한다."

이런 말씀도 많이 하시는데요, 여기에 '도' 자를 붙이는 건 정말 못마땅해요.

"공부를 잘해야 시집도 잘 가는 거야."

이런 말을 들을 땐, 정말 왕짜증이에요. 우리가 시집을 가기 위해 공부하는 건 아니잖아요. 마치 여자의 인생에서 시집가는 것이 가장 중요한 일인 것 같다는 생각도 들어요.

또 선생님께 야단맞거나 혼날 때 '여학생이, 여자아이가' 라는 말이 붙으면 정말 화나요. 그럼 여학생이 아니고 여자아이가 아니면 괜찮다는 건가요?

'교실 환경 꾸미기'를 할 때도 그래요. 선생님은 주로 여학생들에게만 교실 환경 꾸미기를 하라고 하세요. 그래서 집에 빨리 가고 싶은 우리들이 선생님께 "왜 저희들만 남아서 교실 환경 꾸미기를 해야 하는 건가요?"라고 물으면 "너희는 여자잖아, 남자들은 이런 거 잘 못해. 원래 이런 건 여자들이 꼼꼼하게 잘하잖니"라고 하시죠.

여자는 원래 태어날 때부터 꼼꼼하게 태어나나요? 저는 교실 환경 꾸미기를 위해 앉아서 색칠하고 종이접기를 하는 것보다 나가서 뛰어노는 것이 훨씬 즐거운데 말이죠.

여학생이라서 여학생이기 때문에 들어야 하는 말은 정말 듣기 싫습니다. 언제쯤 학교에서 이런 말을 듣지 않을 수 있게 될까요?

우리 남학생들에게 이런 말 좀 그만하세요!

선생님.

"남자가 여자보다 공부를 못해서야 되겠어? 니들은 자존심도 없냐?"

이런 말은 정말 부담스러워요. 대체 공부하는 데 남자인 게 무슨 상관이며, 남학생은 여학생보다 항상 공부를 잘해야 하는 건가요?

혼날 때도 그래요. 매 맞을 때 여자애들은 거의 안 맞잖아요.

항상 여자는 약하다는 이유로 남학생과는 다른 체벌을 하시죠. 그런데 우리 남학생들은 그냥 때리잖아요. 우리는 특별히 맞기 좋게 태어난 건가요? 우리도 여학생이랑 똑같은데 말이죠.

체육 시간 전에 체육복 갈아입을 때 말이에요, 여자아이들은 교실에서 편하게 옷을 갈아입습니다. 우리들은 교실 구석이나 화장실에서 서둘러 갈아입죠. 참다못해 남학생들이 탈의실을 만들어 달라고 건의를 합니다. 그러면 선생님들은 말씀하시죠.

"남자가 창피해하기는. 남자는 그냥 아무 데서나 갈아입는 게 남자다운 거야."

남자다운 건 대체 뭔지, 우리도 창피한데 말이죠.

또 어쩌다 여학생이랑 싸우게 되면 남자가 참아야 한다면서 매번 여학생 편을 드시잖아요. 못 참겠다는 표정을 지으면 "남자가 쩨쩨하게 군다"며 한마디 하시죠. 왜 여자가 쩨쩨하다는 말은 없을까요?

'네가 남자니까' 라는 말로 '이해해라, 참아라'라고 하실 때는 정말 속상해요. 남자이기 때문에 해야 하는 것들은 왜 이렇게 많은 걸까요?

〈본문 돋보기 1〉은 학교생활에서 흔히 들을 수 있는 성차별적인 말들입니다. '여학생이~' '남학생이~' 하는 표현들이 왜 우리를 기분 나쁘게 하는지 이야기해 보고, 이런 말들을 어떤 식으로 바꾸면 좋을지 토론해 봅시다.

'결혼한' 아들 셋과 '출가' 한 막내딸이라니.

　과거에 비해 많이 개선되었다고는 하지만 여전히 교과서 내의 성차별은 존재하고 있다.

　2009년 8월 21일 자 《여성신문》에 따르면 교과서를 모니터한 학생들은 주로 '성차별' '성 역할 고정 관념' '청소년 문화 폄훼' 등을 지적했다고 한다. 또한 "중학교 1학년 체육 교과서의 축구, 스키, 태권도 삽화 등장인물은 모두 남성이고 여성은 무용만 하는 것으로 묘사돼 있다" "중학교 1학년 도덕 교과서에 실린 봉사 활동 주인공들이 모두 여학생들이라 은연중에 여성에게 봉사, 희생, 박애를 강요할 수 있다"는 등 날카로운 문제의식을 나타냈다.

　학생들은 교과서 내의 성차별이나 성 역할에 대한 고정 관념 사례를 가장 많이 지적했는데 "도덕 교과서에 '김 노인에게는 결혼한 아들 셋과 출가한 막내딸이 있다'고 기술된 부분이 있다"며 "아들은 '결혼' 딸은 '출가'라고 표현해 '딸은 키워도 소용없다'는 것을 은연중에 내비치고 있다"고 지적했다.

중학교 3학년 도덕 교과서는 명절 문화 개선을 소개하면서 "음식 준비, 손님맞이 등으로 고생하는 여자들을 배려하여 역할을 나누고 협력하는 자세를 가져야겠다"고 서술하고 있어 성차별적 서술이라는 지적을 받았다. 명절 음식 준비는 여성의 역할임을 전제한다는 이유 때문이다. 초등학교 6학년 영어 7단원에 나오는 직업 카드에 의사·조종사·경찰은 남성, 교사·간호사는 여성으로 그려져 있는 점, 한 고등학교 사회 교과서에 국제 협약 관련 각국 대표를 모두 남성으로 그려 놓은 점 등도 성에 대한 편견을 드러낸 사례로 꼽혔다.

여태껏 이러한 교과서를 보고 배운 많은 학생들은 성 역할에 대한 고정 관념을 자연스럽게 받아들이고 지내 왔을 것이다. 앞으로 이러한 문제점은 꼭 개정이 되어야 할 것이다.

가장 평등해야 할 교과서의 곳곳에서 성차별적인 모습이 나타나고 있다. 우리는 언제쯤 학교 교과서에서 고정 관념이나 차별이 없는 남녀의 진정한 평등함과 조화를 배울 수 있을까?

우리가 배우는 교과서에도 이러한 성차별이나 성 역할에 대한 고정 관념이 나타나 있는지 함께 찾아보고, 그런 부분을 받아들이는 바람직한 태도에 대해 이야기해 봅시다.

그리운 여학교의 학생들

여학교에서 근무하다 남녀 공학으로 옮긴 지 이제 4개월이 되어 간다. 남녀 공학으로 옮기면 정신없는 사내 녀석들 때문에 힘들 것 같았는데, 오히려 여학교에서 근무했을 때가 더 활기가 넘쳤던 것 같다는 생각이 든다.

한참 예민할 시기의 아이들은 여러 가지로 조심스럽다. 남학생들이 보고 있는 앞에서 여학생들을 혼내는 것은 정말 신경 쓰이는 일이다. 체육 시간에도 공학의 여학생들은 너무나 소극적이다. 뜀틀을 향해 겁 없이 돌진하던 여학교의 학생들의 모습을 이곳에서는 찾아보기 힘들다. 무거운 짐을 나를 때에도 자연스럽게 하나씩 들어 옮기던 여학교의 친구들과는 달리, 남녀 공학의 여학생들은 머뭇거리며 남학생의 얼굴을 먼저 쳐다본다.

머리도 잘 감지 않고 머리핀 하나 꽂고 돌아다니던 여학교의 학생들과 달리, 이곳 학생들은 외모에도 상당히 신경을 쓰는 편이다. 남학생을 의식해서인지 여학교의 여학생들보다 남녀 공학의 여학생들이 여성스러운 모습을 많이 보이는 것 같다. 의견을 내거나 발표할 때도 눈치를 보거나 주변의 반응을 살피는 여학생들의 모습도 더러 눈에 띈다.

축구하는 남학생들을 벤치에 앉아 바라보며 응원하고 있는 이곳 여학생들의 모습을 보면, 운동장을 누비며 활기차게 뛰어다니던 여학교의 여학생들이 그리워진다.

남학생들의 남녀 공학 기피 현상

나의 경험이기 때문에 일반화할 수는 없지만 중, 고등학교 때 남학생들은 대부분 여학생과의 경쟁에서 꼭 이겨야겠다는 승부욕이 여학생보다 덜한 것 같다. 오히려 여학생은 남학생과의 싸움에서 꼭 이겨야 한다는 승부욕이 강하다. 수행 평가를 할 때 보면 그 차이가 확실히 드러난다. 상황이 이렇다 보니, 내신 성적을 위주로 선발하는 대학의 수시 모집에서는 남녀 공학의 남학생들이 여학생들에 비해 명문 대학에 합격하는 비율이 훨씬 떨어지는 게 현실이다.

내가 어렸을 때만 해도 남학생은 모든 면에서 우월했고 그게 당연한 줄만 알았다. 반장은 남학생, 부반장은 여학생이라는 것도 하나의 공식처럼 여겨졌다. 하지만 이제는 여성들이 대학 진학에서부터 취업까지 엄청난 두각을 보이고 있다. 임용 고사나 공무원 시험에서 여성 합격자의 비율이 높다는 것은 이미 오래된 이야기다. 학교에서는 점점 남자 선생님을 찾기 어려워지고 있다. 교사나 공무원뿐 아니라 사회 여러 분야에서도 여성들의 숫자는 급격히 늘어날 것으로 보인다.

이런 상황이다 보니 남학생들의 입장에서는 여학생과 경쟁을 해야 하는 남녀 공학보다 남학교에 다니는 것이 더 유리하게 느껴질 만도 하다.

남녀 공학에 다니는 학생들과 남학교, 여학교에 다니는 학생들의 모습에는 실제 차이가 있나요? 어떤 차이가 있는지, 왜 그런 차이가 발생하는지 함께 이야기해 봅시다.

새 직장에서, 아내에게 보내는 편지

여보, 나 이번에 중학교로 발령 났잖아. 사실 고등학교에서만 9년 보내다가 이번에 중학교로 옮기게 돼서 홀가분한 마음이 컸어. 그동안 고2, 고3 담임 하면서 야간 자율 학습이라든가 진학 상담 등으로 심신이 많이 지쳐 있었거든. 그래서 중학교 교사로 있는 당신이 많이 부러웠어. 중학교는 늦어는 5시 정도면 퇴근하고, 고등학생들만큼 뒷바라지할 것도 없으니 쉬엄쉬엄 할 수 있을 거라 생각했거든.

그런 생각을 가지고 있어서 퇴근해서 집에 왔을 때 당신이 집안일은 다 해 놓지 않고 태원이와 잠들어 있거나, 태원이 돌보는 일을 나한테 맡기는 모습에 짜증나고 화도 났어. 그땐 솔직히 '중학교에서 근무하면 늦어도 5시 정도면 퇴근하는데 이런 것도 안 해 놓고, 남편은 늦은 시간까지 일하고 왔는데 어떻게 이걸

나한테 시킬 수가 있지? 내 아내지만 너무한다'는 마음을 가지고 있었어. 그래서 당신에게 짜증도 많이 냈고, 그 때문에 우리 말다툼도 많이 했지.

그런데 중학교에서 이제 겨우 한 달을 지내 보니까 당신에게 너무 미안한 생각이 들더라. 하루 6교시 중 수업이 보통 4~5교시이고, 한두 시간 남는 시간은 각종 잡무를 처리해야 하고……. 고등학교와 다를 바 없이 아이들 진학 상담에, 생활 지도에, 해야 할 일이 고등학교보다 많으면 많았지 결코 적지 않더라고.

이렇게 중학교 교사로 어느 정도 생활하면서 당신은 어땠을까를 생각해 봤어. 당신은 아마 수업과 잡무에 치이면서도, 태원이 먹인다고 그 열악한 여교사 휴게실에서 한 학기 이상 모유를 짰을 거야. 분명히 많이 민망했을 거고, 다른 선생님들 눈치 보면서 교무실 냉장고에 보관했을 거고……. 그러곤 집에 와서 내 눈치 보면서 집안일을 했을 거라고 생각하니까 말로 표현 못 할 만큼 미안하고 고마웠어.

왜 당신이 나와 똑같은 입장일 거라고 생각했을까. 당신은 교사이기도 하지만 내 아내이고, 태원이 엄마고, 혼자서 세 가지 역할을 하는 사람이란 걸 잊고 있었어. 여자 교사들이 힘들어하는 걸 보면서도 그건 왜 남에 일이라고 생각했을까. 너무 부끄럽고 미안할 따름이야.

곧 있을 당신 생일, 무엇으로도 당신의 수고를 보상할 수 없겠지만 사랑하고, 미안하고, 앞으로 더 잘하도록 노력하겠다는 믿음을 주고 싶어. 그런 의미에서 "사랑하는 내 아내를 위한 각서"를 작성해 봤는데 봐 줄래?

> 나 ** 은 사랑하는 아내를 위해 몸과 마음을 다 바쳐 집안일
> 을 함께할 것을 굳게 다짐합니다.
>
> 하나. 퇴근 후, 당신이 저녁 준비할 동안은 태원이와 함께
>   시간을 보낸다.
> 둘. 저녁 식사 뒷정리는 내가 한다.
> 셋. 주말에 간단한 아침, 점심 식사는 내가 준비한다.
> 넷. 당신이 빨래하면 나는 청소, 당신이 청소하면 나는 빨
>   래. 항상 당신의 왼손이 된다.
>
> 그 외에도 나 김**는 아내가 힘들 때마다 옆에서 무슨 일이
> 든 힘이 되어 줄 것을 맹세합니다.

말뿐인 남편이 되지 않을게, 지켜봐 줘. 사랑해 여보.

– 하루하루 반성해 나가는 당신의 못난 남편이

여교사, 결혼 잘 하기 위한 수단?

나는 일가친척이 다 모이는 명절이 가장 싫다. 분명 명절은
오랜만에 친척들이 한데 모여 그동안 못 한 이야기도 하고 의미

있는 날을 보내는 좋은 날인데, 서른을 바라보는 나에겐 그저 '잔소리 듣는 날'일 뿐이다.

"이렇게 결혼 늦게 할 거면 공부는 뭐 그리 열심히 했냐"라는 말부터 시작해서 "요즘 남자들이 제일 선호하는 신붓감이 초등학교 여교사라던데, 넌 왜 남자 친구 하나 없니?"라는 말로 끝이 난다. 이런 말들을 듣다 보면 나는 '오로지 결혼을 잘하기 위해 열심히 공부해서 초등학교 여교사가 된 정신 빠진 여자'인 것이다.

그저 순수한 마음으로, 아이들이 너무 좋고 무언가를 가르친다는 게 좋아서 선택한 교사라는 직업이 왜 남들 눈엔 이런 의미로 비춰지는 것일까. 결혼? 물론 좋은 사람 만나서 잘하면 기쁜 일이다. 하지만 내 인생을, 내 직업을 결혼을 위해서 선택하지는 않는다. 대부분의 여자들도 그럴 것이다.

문제는 우리 친척들뿐만 아니라 많은 사람들이 초등학교 여교사를 결혼하기 좋은 대상으로 여긴다는 것이다. 결혼을 잘하기 위해서 초등학교 여교사가 된 게 아니냐는 말을 들을 때마다 울화가 치밀어 견딜 수가 없다. 그런 사람들을 향해 당당하게 말해 주고 싶다.

"나는 1등 신붓감이 아니라, 아이들 가르치는 초등학교 선생님이라고요!"

〈본문 돋보기 4〉는 직장 여성으로 교사들이 겪는 고충을 담은 이야기입니다. 교사라는 직업에는 남녀 차이가 없는데 여자라는 이유만으로 편견에 휩싸이는 현실을 확인할 수 있습니다. 사회의 어떤 부분이 변화해야 여교사들의 고충이 줄어들 수 있을까요? 제도적 · 의식적 부분을 나누어 생각해 봅시다.

여자라서 불리하다고?

나는 어릴 적부터 과학 분야에 대한 호기심이 많았다. 또래 친구들이 동화책을 볼 때 나는 과학 상식 책을 보았고 만화를 보아도 공상 과학 만화를 즐겨 보았다. 그래서인지 국어나 사회보다 과학과 수학이 익숙했고 고등학교 진학 후에도 친구들이 많이 선택하는 문과 대신 이과를 선택하였다. 그런데 최근 진로를 두고 고민이 생겼다.

수업 시간에 내 손톱보다도 작은 반도체가 우리가 살고 있는 첨단 시대에 아주 중요한 역할을 한다고 배웠는데, 그때부터 반도체에 대한 관심이 커지기 시작했다. 그리고 반도체학과에 진학하고 싶은 마음이 생겼다. 그런데 반도체학과는 공대 계열이라 여자들이 굉장히 소수인 데다가 전공 자체가 너무 난해해 여자가 배우기에는 힘들다는 이야기를 들었다. 특히 반도체학과의 경우 다른 공대 계열보다 여학생의 수가 더욱 적다고 했다. 주변 친구들을 보아도 대부분 간호학과나 회계학과를 희망하고, 공대 진학을 염두에 두고 있더라도 반도체학과를 원하는 친구는 아무도 없었다. 그러다 얼마 전 아빠와 진지하게 내 미래에 대한 이야기를 나누었다.

"아빠, 저 반도체학과에 가고 싶어요. 그런데…… 자신이 없어요. 그냥 다른 과 지원하는 게 나을까요?"

내 질문에 아빠는 곰곰이 생각하시는 듯했다.

"왜 자신이 없어? 넌 어렸을 때부터 수학이나 과학도 곧잘 하고, 고등학교에서도 잘하고 있잖아. 지원이 네가 지원하고 싶다면 하고 싶은 일일 텐데 무슨 고민이야?"

"반도체학과에는 여학생들이 별로 없대요. 여자라고 불이익이라도 당하면……. 세상 많이 좋아졌다지만 그런 계열은 남자들이 유리한 게 사실이잖아요."

"물론 네 말대로 힘들 수도 있어. 여자라서 유리한 것만 따라가다 보면 그 분야에는 영영 여자 전문가가 생기지 않을 것 같은데? 정말 하고 싶다면 진지하게 알아보고, 네 적성과 소질을 살펴봐야겠지. 하지만 여자라서 불리하다는 생각 때문에 포기하는 건 좋은 선택이 아닌 것 같아. 아빠는 우리 딸이 멋지게 도전하는 모습을 보고 싶네."

아빠의 이야기를 듣고 보니 내가 반도체학과에 대해서 아는 게 너무 없다는 생각이 들었다. 그리고 내가 여자라고 해서 반도체학과에 들어가지 못한다고 생각한 게 조금은 우습게 여겨졌

다. '그래, 여자라고 못할 거 없지! 반도체학과, 내가 간다!'

난 공대의 할미꽃

나는 컴퓨터공학과에 다닌다. 내 친구들은 내가 공대에 다닌다는 사실에 "완전 꽃이겠네? 진짜 부럽다"고들 말한다. 하지만 현실은 냉혹하다. 꽃이 웬 말이냐. 꽃이라면 할미꽃이 될 지경이다.

컴퓨터공학? 어렵다. 하지만 나만 그런 건 아니다. 우리 과 동기 남학생들도 다들 어려워한다. 그런데 교수님은 항상 나한테만 질문을 하시고는 우물쭈물하는 나에게 이렇게 말씀하신다.

"이래서 내가 여자들이 공학 공부하는 걸 반대하는 거야. 왜 쓸데없이 자기들 능력에 안 맞는 과를 선택해서 시간을 낭비하나?"

교수님께 그런 말을 듣고 나서 나는 미친 듯이 공부에 매달렸다. 얼마 후, 늘 그렇듯 질문을 받았고 나는 당당하게 대답했다. 조금은 으쓱하는 마음이 있었는데, 다음 순간 날아든 교수님의 말씀에 눈물이 날 것 같았다.

"요 며칠 공부 좀 했나 보군. 애썼어. 그런데 솔직히 여자는 힘들어. 뇌 구조가 다른 데 뭘. 너무 애쓰지 말고 편하게 가, 편하게."

어떻게든 참아 왔는데 이건 정말 해도 해도 너무한 거 아닌가! 강의 마치고 몇몇 동기들이 내 등을 두드리며 위로를 했지만 그 애들의 마음도 교수님과 크게 다르지 않은 것 같아서 더욱 화가 나고 외로웠다.

하지만 내가 적당히 졸업해서, 전공과 상관없는 데 취직할 거라고 생각하면 큰 오산이다.

"교수님, 학문에 남자, 여자가 어디 있습니까. 남자 학문 따로 있고, 여자 학문 따로 있는 건가요? 저는 절대 컴퓨터공학을 포기하지 않을 겁니다."

여자는 스포츠와 어울리지 않나요?

얼마 전부터 내 꿈은 '팀 닥터' 이다. 원래 꿈은 종합병원 외과 의사였는데 얼마 전 축구 경기를 보며 미친 듯이 흥분하는 내게 오빠가 말했다.

"너 축구 좋아하니까 팀 닥터 되지 그러냐?"

인터넷에 찾아보니 팀 닥터는 축구 선수들의 부상을 치료하고, 재활에 도움을 주는 역할을 한다고 했다. 드디어 내게 딱 맞는 길을 찾은 것 같아서 나는 마구 설레기 시작했다.

그런데 내 새로운 꿈을 말했더니 주변 사람들의 반응은 시큰둥했다. 특히 엄마는 '왜 사서 고생을 하려고 하냐' 면서 찬물을 끼얹으셨다. 그러곤 왜 내가 팀 닥터가 될 수 없는가를 지적하셨다.

"팀 닥터는 보통 의사랑 달라서 여자가 하기는 힘들어. 네가

TV에 잠깐 비춰지는 것만 보고 환상을 가지고 있나 본데, 팀 닥터가 되려면 외과 전문의 자격은 기본으로 갖춰야 하고, 스포츠 마사지, 물리 치료사 자격증도 가지고 있어야 한다더라. 그리고 여자가 남자 선수들 상대하기가 얼마나 벅차겠어. 그렇게 되기 힘든데 수입은 일반 의사보다 적다더라."

단점들만 늘어놓는 엄마의 말에 잠시 위축되었지만 그렇게 포기할 거면 애당초 마음에 품지도 않았다. 솔직히 말해서 팀 닥터 중에 여자가 드물긴 하다. 하지만 팀 닥터에 대해 다 알고 있는 척하는 엄마도 '레딩 FC'의 유명한 팀 닥터가 여자라는 것은 모를 것이다.

여전히 오빠를 제외한 가족들과 주변 사람들은 모두 응원해 주지 않지만 포기할 마음은 전혀 없다. 나는 엄마가 보란 듯이 내 책상 위에 나의 계획을 붙여 두었다.

매일매일 운동장 뛰기. 체력 관리하기. 성적 유지. 의대 진학. 대한민국 최고의 팀 닥터 되기.

시대가 변해서 예전보다는 '남자들만 가는 학과'라고 여겨지던 학과에 여자들도 많이 지원하는 추세입니다. 하지만 여전히 '여자가 감당하기엔 힘들다' '여자가 무슨 그런 걸 하냐'라고 말하는 학과나 직업들이 있습니다. 이러한 학과나 직업에는 무엇이 있는지 말해 보고 이유가 무엇인지 이야기해 봅시다. 그렇게 알려진 학과를 나와서 당당히 성공한 여성은 누가 있는지도 함께 알아봅시다.

3. 엄마처럼 살기 싫어? 엄마처럼 살고 싶어!

간도 쓸개도 없는 년!

제 대학 동창 얘기부터 할까요?

그녀는 프로 정신이 투철한 커리어우먼이었답니다. 방송국 프로듀서로서 출장이니 밤샘이니 야외 촬영이니 모든 힘궂은 일을 남자와 똑같이, 싫은 내색 하지 않고 완수해 냈죠. 사흘에 한 시간밖에 못 자도 군소리를 하지 않았고요. 잠이 오면 커피를 물 마시듯 들이켰고, 몸살이 나면 약국에서 '독한 약'을 주문하여 먹었지요. 여자라서, 아이 엄마라서, 일 못한다는 소리 안 들으려고 간덩이가 썩어 나도록 일했습니다. 그녀는 아이한테도 정성을 다하는 엄마였어요. 제 몸 아픈 건 싹 무시하고 일하면서 아이가 아프면 밤새 간호했지요. 아이가 무언가를 물으면 백 번이라도 다정한 목소리로 답해 주었답니다.

그런데 그녀의 간이 진짜로 썩었어요. 도리 없이 암세포가 점령한 간덩이의 삼분지 이를 잘라 내야 했는데, 의사들이 한마디 설명도 없이 그녀의 멀쩡한 쓸개까지 한꺼번에 도려냈지 뭐예요? 그녀는 졸지에, 그녀 자신의 표현을 따르자면, '간도 쓸개도 없는 년'이 되어 버렸지요. 그녀가 강원도 어느 산골의 암 환자 요양원에 가 보니, 제 또래 여자 암 환자들의 특성이 한눈에 파악되더랍니다. 그들은 열에 아홉, 직장일 하랴, 아이 키우랴, 살림하랴, 몸이 두 개라도 모자라게 아등바등 살아온 여성들이었어요. 그녀의 이야기는 "○○○ 스페셜 – 당신들의 슈퍼우먼"이라는 TV 프로그램에서 상당한 비중으로 소개되기도 했는데요. 그녀는 결국, 서른여덟 살의 나이에 하늘나라로 갔어요…….

이번에는 제 대학 선배 얘기를 해 볼게요.

그녀는 한평생 가족을 위해 헌신하느라 자기 삶을 잃어버린 '엄마처럼 살기 싫어'서 죽어라 공부하여 번듯한 직업을 얻었답니다. 일과 양육을 병행하느라 누구 못지않게 바쁜 삶을 꾸려 온 선배……. 몸은 힘들어도 딸아이한테 좋은 역할 모델은 되겠거니, 했다지요. 그런데 웬걸요. 어느 날, 선배의 딸이 선배한테 '엄마처럼 살기 싫다'고 하더랍니다. 딸의 눈에는, 마음 편하게 놀 시간이라곤 요만큼도 없이 집에서도 직장에서도 발바닥에 불이 나도록 동동거리는 엄마의 삶이 조금도 부러워 보이지 않았던 게지요.

그럼, 이 글의 필자인 저는 어떻게 살고 있을까요?

선배의 얘기가 머릿속에서 맴맴 돌던 주말, 둘째 며느리인 저를 포함하여 삼三동서가 시아버지 제사를 모시기 위해 시가에 모였답니다. 전 부치고 나물 볶고 생선 찌고 탕국 끓이고 과일 씻느라 잠시도 편안히 앉아 있을 여가가 없었지만, 여자 셋이 모였으니 새새틈틈 신세타령할 기회를 놓칠 수 없었지요.

우리 셋은 모두 직장에 다니며 아이를 키우는 소위 '워킹맘'들입니다. 저마다 눈물겨운 사연이 없을 수 없지요. 맏동서는 식구들 병원 치료 때문에 월차 낼 때마다 상사 눈치 보느라 마음고생이 극심했답니다. 주말부부인 막내 동서는 출장 갈 일이 생길 때마다 어린 두 아들을 어디에 맡길까 고민하느라 흰머리가 생길 정도라고 하고요. 저는 딸아이 학교 급식소에 문제가 생기는 바람에 도시락 싸 대느라 아침마다 전쟁을 치른다는 얘기를 했어요. 각자 사는 것도 이렇게들 눈코 뜰 새 없이 바쁜데, 제사니 어른 생신이니 명절이니 하는 집안 대소사 챙기기 역시 여자들 몫으로 돌아오는 건 예나 지금이나 마찬가지지요.

일찍이 양양 출신의 소설가 이경자 씨가 베스트셀러 《절반의 실패》에서 '안팎곱사둥이'란 말로 적실히 표현한 맞벌이 주부의 현실…… 책이 처음 세상에 나온 때로부터 거의 20년이 흘렀지만, 우리 삼동서의 삶을 돌아볼 때 한국 사회는 여전히 기혼 직장 여성이 보통 독한 마음을 먹지 않고는 살아남기 쉽지 않은 곳입니다. 이런 상황에서 '엄마처럼 살기 싫어' 꿋꿋이 공부하고 취업한 우리 세대 역시 딸들로부터 '엄마처럼 살기 싫다'는 말을 듣는 건 오히려 당연한 일일지 모르지요.

저렇게 살고 싶어!

그렇다면 우리네 딸들이 '저렇게 살고 싶어'라고 지목하는 삶은 어떤 것일까요? 저는 현대백화점의 가상 모델 로렌에게서 그 비슷한 모양새를 발견했어요.

로렌은 유학 시절 영어 이름이고 본래 이름은 '현대 여성'이라는 의미의 현대희現代姬입니다. 42세의 전업주부이지만 피부 관리를 잘해 30대처럼 젊어 보이지요. 164cm의 적당한 키, 52kg이라는 환상적 몸무게에다 운동으로 가꾼 S라인을 자랑한답니다. 가족으로는 연애 결혼한 자상한 남편, 눈에 넣어도 안 아플 만치 귀여운 아들과 딸 한 명씩이 있고요. 남편 뒷바라지와 자식 교육 때문에 정규직은 가지지 않았지만, 유학 시절에 갈고 닦은 영어 실력을 발휘하여 프리랜서로 번역 일을 하지요. 현대백화점은 한 달 단위로 광고 전단지와 이메일 등을 통해 로렌이 무엇을 입고 먹고 소비하는지를 고객들에게 알려 주는데요. 로렌의 라이프 스타일을 따라 하고 싶어 하는 주부들의 심리를 자극하여 매출 증대에 큰 도움을 얻었다고 합니다.

장사꾼들이 어련히 당대 소비자의 욕망을 잘 파악했겠어요? 로렌은 얼마든지 취업할 수 있는 실력을 갖추었지만, 그까짓 직장쯤 안 다녀도 돼요. 간간히 번역 일을 하는 건, 생계를 위해서가 아니라 자신이 원해서이지요. 얽매인 직장이 없으니 남편과 아이들을 살뜰히 건사하고 피부 관리, 몸매 관리를 받을 시간적 여유가 충분하고요. 백화점 정기 세일, 특별 세일을 놓치지 않고

쇼핑과 외식도 멋들어지게 즐겨 주신답니다. 어때요? 우리네 딸들이 부러워할 만도 하지요?

하지만 부러우면 로렌처럼 살라고 말하기 전에, 우리는 로렌의 삶 속에 숨겨진 전제를 잊지 말아야 합니다. 로렌의 남편은 상당한 고소득자일 수밖에 없답니다. 남편의 경제력이 로렌의 여유를 뒷받침하고 있는 것이지요. 그러나 흔히 '88만원 세대'로 지칭되는 우리 시대 젊은 남자들 중 과연 몇 퍼센트나 아내에게 로렌 같은 삶을 보장해 줄 수 있을까요?

돈 잘 버는 여자가 좋다, 그러나……

한 결혼 정보 회사에서 미혼 남녀 975명을 대상으로 조사한 결과에 따르면, 남자들의 81%가 맞벌이를 희망하고 있답니다. 이 수치는 해마다 높아지고 있어요. 몇 해 전까지만 해도 남자의 자존심 운운하며 배우자의 연봉이 자기보다 조금 적은 편을 선호하던 남성들이 이제는 기왕이면 자기보다 더 잘 버는 여자가 좋다는 쪽으로 바뀌고 있기도 하고요. 요즘에는 돈 잘 버는 여자, 안정된 직업을 가진 여자를 좋은 배우자로 생각하는 남자가 확실히 늘어났어요.

여성들이 직업의 세계에서 자아를 실현하려는 욕망도 점점 커졌지요. 장래 희망으로 '남편 뒷바라지 잘하고 아이 잘 키우는 현모양처'를 꼽는 여학생은 찾아보기 힘들게 되었어요. 그 결과, 법관 · 의사 · 교수 · 외교관 등 전문 직업군에서 여성이 차지하는 비율이 눈에 띄게 높아졌고, 국회의원, 기업 CEO 등 사회적인 영향력이 큰 여성들도 늘어나는 추세입니다. 그러나 '여성 상위 시대', '알파 걸', '골드 미스' 등의 허울 좋은 수사를 이끌어 내는 이러한 현상의 반대편 축에는, '여성 노동의 빈곤화'라는 암울한 현실이 도사리고 있답니다.

비혼일 때도 여성은 언제나 '출산 가능성'을 가진 존재, 즉 출산 · 양육이라는 여성의 '고유하고 본질적인' 노동을 수행하기 위해 언제든 노동 현장을 떠날 가능성이 있는 존재, 그래서 얼마든지 싸게 부려 먹어도 되는 존재로 취급받기 쉽습니다. 대학을 갓 졸업한 여성 구직자들은 면접 시, 애인 있느냐, 결혼은 언제 할 거냐, 출산 후 회사에 다닐 생각이냐 등의 질문을 받고 몹시 당황하곤 하지요. 어떤 대답을 해야 인사권자의 마음에 들지, 여성 구직자들은 고민이 많습니다. 어떤 사장은 여성이 결혼 전까지만 일하기를 원하고, 어떤 사장은 출산 전까지만 일하기를 원하며, 어떤 사장은 결혼·출산을 아예 하지 않기를 원하니까요.

결혼·출산을 한 여성의 경우, 업무 배정이나 승진 기회에서 차별을 받는 것은 물론, 회사가 어려울 때 1순위로 해고 대상자가 됩니다. 1997년 우리나라가 국가 부도 위기를 맞았을 때에 1순위로 해고된 바 있는 기혼 여성 노동자들은 2009년 금융 위기로 인한 세계 경제 침체기에도 역시나 가장 큰 피해를 입었지요. '2009년 한국인권보고대회'에서 발표된 여성 인권 보고를 보면, 2009년 상반기 남성 취업자 수는 1,000명이 늘어난 반면, 여성 노동자는 14만 8,000여 명이 줄었답니다.

여성의 일자리가 얼마나 열악한가는 통계청의 '경제활동인구조사 부가조사'(2009년 3월) 자료를 통해서도 확인할 수 있지요. 이 자료에 따르면 남성은 정규직이 554만 명(58.2%), 비정규직이 398만 명(41.8%)으로 정규직이 많지만, 여성은 정규직이 240만 명(34.4%), 비정규직이 457만 명(65.6%)으로 비정규직이 더 많습니다. 또한 남성은 저연령층(20대 초반 이하)과 고령층(50대 후반 이상)에서만 비정규직이 정규직보다 많지만, 여성은 20대 후반과 30대 초반을 제외한 전 연령층에서 비정규직이 많은 것으로 나타났습니다. 특히 여성의 경우 20대 후반부터 30대 초·

중반까지는 비정규직 비율이 낮아지다가 30대 중반 이후가 되면 그 비율이 확연히 높아집니다. 출산과 육아로 인해 휴직했던 여성이 다시 일자리를 구할 경우 대부분 비정규직으로 취업하게 되는 현실을 보여 주는 통계이지요.

나는 여자가 아닙니까?

'안팎곱사등이'라는 말이 괜히 생겼을까요. 우리나라 남성들 대부분은 맞벌이를 원하면서도 가사 분담에 대해서는 매우 소극적인 태도를 보입니다. 2007년부터 2008년까지 1명 이상의 미취학 아동을 둔 맞벌이 기혼 여성 253명을 대상으로 이뤄진 '맞벌이 부부의 가사 분담' 관련 논문을 보면, 맞벌이를 하더라도 부인이 가사 노동을 하는 시간이 남편보다 최대 7배나 된다는 조사 결과가 나왔지요. 논문에 따르면 미취학 아동이 있는 맞벌이 가정의 가사 분담은 평일의 경우 남편이 0.57시간, 부인이 4.06시간, 주말에는 남편이 2.88시간, 부인이 9.26시간으로 나타났습니다.

남자들은 돈도 잘 벌고 아이도 잘 키우고 집안일도 깔끔하게 해내는 슈퍼우먼을 원하지만, 우리가 앞에서 살펴보았듯이 슈퍼우먼의 삶은 고달프기 짝이 없지요. 늘 아이 걱정에 속울음을 울고 퇴근 후와 주말에는 쌓인 집안일을 하느라 등골이 휘지만, '남편 내조' '아이 뒷바라지'를 전업주부만큼 살뜰히 하지 못한다고 가족들로부터도 책망을 받고 스스로도 죄책감을 느낍니다. 24시간이 모자라도록 멀티태스킹을 해야 겨우 생존할 수 있는, 그러고도 회사에서는 남성 노동자보다 못한 노동자, 집에서는 전업주부보다 못한 주부로 언제나 저평가되는 억울한 존재가 바로 기혼 여성 노동자들인 것이지요.

흑인 여성 인권운동가 소저너 트루스는 '나는 여자가 아닙니까?'라는 유명한 연설에서, 입만 열면 '레이디 퍼스트'를 외치면서도 흑인 여성에 대해서는 아예 '레이디'의 범주에서 벗어난, 오직 노동을 위해 태어난 특별한 존재로 취급하는 백인 남성들을 비판했습니다. 물론 폭압적 노예제를 살아남은 흑인 여성과 현대 한국 여성을 동일 선상에서 비교할 수는 없지만, 엄마와 다른 삶을 원하며 치열하게 살아온 한국 여성들 또한 직장에서는 남자와 똑같이(혹은 '여자 티'를 내지 않기 위해서 더 열심히) 일하고, 집에서는 가족과 재생산이라는 짐을 져 나르는 '노새'로 살아간다는 점에서, 한 세기 전, 아메리카 대륙에서 울려 퍼졌던 소저너 트루스의 뜨거운 외침은 오늘날 한국 여성 노동자들의 가슴에도 공명하는 바 클 것 같습니다. 소저너 트루스의 연설을 감히 패러디하자면 이렇지 않을까요.

"나는 여자가 아닙니까? 저기 앉으신 신사분들은 여자들이 운전 능력이 미숙하여 늘 도와주어야 하고, 무거운 짐을 들어 주어야 하고, 어디서든 가장 좋은 자리를 여자에게 양보해야 한다고 합니다. 그러나 나는 도로에서 수시로 남자 운전자들의 위협에 머리끝을 곤두세

우며, 아기를 업고도 한쪽 손에는 장바구니를, 한쪽 손에는 서류 가
방을 들고 움직입니다. 가장 좋은 자리요? 제삿날, 명절날, 가장 불
편한 자리에도 진득이 앉아 있지 못하고 남자와 남자의 조상 시중든
다고 하루 온종일 동동거립니다. 그러면 나는 여자가 아닙니까? 나
를 보십시오! 내 팔을 보십시오! 나는 회사에서 일하고 아이들을 돌
보고 음식을 하고 빨래를 하고 집 안을 청소하고 집안 대소사에 일
꾼으로 차출당합니다. 우리 회사 남자 중에서 나만큼 일하는 남자
있으면 나와 보라고 하십시오! 나는 남자만큼 일하고, 남자만큼 먹

습니다. 그리고 고통도 남자만큼 잘 참습니다! 그러면 나는 여자가 아닙니까? 나는 아이를 둘 낳았습니다. 이 아이들이 건강하고 따돌림 당하지 않고 공부 잘해서 좋은 대학 가고 취업도 잘해야만 나는 비로소 '엄마'의 임무를 다했다는 얘기를 들을 수 있을 겁니다. 만약 이 아이들에게 조금만 이상이 있어도 나는 '꼴같잖은 자아실현 하느라 자식 팽개친 나쁜 엄마'라고 욕먹을 터이지요. 그러나 아이가 아플 때 잠 못 들고 그 옆을 지키는 사람은 오직 나 하나뿐입니다. 그러면 나는 여자가 아닙니까?"

그럼에도 불구하고 여성은 일하고 싶다

여성이 일하고 싶어 하는 가장 일반적인 이유는 가계 소득을 높이기 위해서입니다. 통계청 조사에 따르면 남편의 임금 수준이 낮은 가정의 아내가 맞벌이에 나설 확률이 확실히 높지요. 저학력 저소득층 여성이 남편의 수입만으로는 먹고살 수가 없어서 식당 종업원 등의 장시간 임시 근로 직종에 종사하는 것이 우리나라 기혼 여성의 전형적인 맞벌이 형태인 것입니다.

그런데 많은 딸들이 선망하는 '로렌'의 경우, 일을 안 해도 경제적으로 전혀 문제가 없는데 왜 구태여 골치 아픈 번역 일에서 손을 떼지 않는 걸까요? 그것은 로렌도 일이 없다면 자아실현의 욕망을 충족시키기 힘들기 때문입니다. 무릇 인간이란 타인에게 인정받고 그에 따른 지위와 명예를 얻고 싶어 하는 사회적 동물이지요. 대부분의 인간은 직업을 통해 타인의 인정을 획득합니다. 이 세상에는 출산과 양육, 가사 노동만으로 만족하는 여성이 있는가 하면, 사회적 노동을 통해야만 자기 존재를 확인할 수 있는 여성도 많습니다.

여성 노동력은 매우 중요한 사회적 자원이기도 하지요. 2008년 말 기준으로 우리나라 여성의 경제 활동 참가율은 54.7%로 OECD 평균(61.3%)보다 6.6%포인트 낮았습니다. 이는 조사 대상 30개국 가운데 28위에 해당하는 기록으로 OECD 가입국 중 우리나라보다 여성 취업률이 낮은 곳은 터키(26.7%)와 멕시코 (43.4%)뿐이었지요. 사실 우리나라 여성의 취업 욕구는 매우 높습니다. 그런데도 취업률이 이렇게 낮은 이유는 여성 일자리의 지속적인 비정규직화 경향, 결혼·출산·기타 돌봄 노동으로 인한 노동 시장 이탈 압박 때문이지요. 전문가들은 우리 사회가 질적으로 성장하기 위해서는 여성 노동력을 더욱 폭넓게, 적절히 활용해야 한다고 공통적으로 지적합니다. 최근 국회 입법조사처에서 발행한 〈저출산 대응 주요 정책의 현황 및 과제〉 보고서를 보면, 우리 사회가 당면한 급속한 고령화와 저출산 문제를 해결하기 위해서는 여성이 행복하게 일할 수 있는 환경이 제공되어야 한답니다. 달리 설명하자면, 일하면서 아이를 낳고 기를 수 있는 여건이 충족될 때 여성들이 출산과 육아를 당당하고 떳떳하게 수행할 것이라는 말이지요.

요컨대 여성들이 노동 시장에서 모성을 보호받으며 행복하게 일하는 것은 여성 개인을 위해서뿐만 아니라 우리 사회의 지속

가능한 발전을 위해서도 반드시 필요합니다. 그렇다면 이제 개인과 사회가 함께, 여성이 행복하게 일할 수 있는 방법을 고민해야 하겠지요?

당신들의 슈퍼우먼 집어치우기

개인적 차원에서 보자면 여성은 슈퍼우먼 콤플렉스에서 벗어나 자기 삶을 좀 더 창조적으로 디자인할 필요가 있습니다. 혼자힘으로 모든 것을 보살피고 해결하고 완수해야 한다는 강박 관념이 있는 한, 누구도 행복해질 수 없지요. 특히 일하는 여성에게 가장 큰 부담으로 작용하는 육아를 공동으로 수행하기 위한, 다양한 차원에서의 노력과 실천이 필요합니다. 육아가 괴롭고 힘든 이유는, 그것이 오롯이 엄마 개인의 책임으로 여겨지기 때문이지요. 힐러리 클린턴의 책 제목 《It Takes a Village》처럼 '아이 하나를 키우는 데는 마을 전체가 필요' 한 데도 말이지요.

이제 상상력을 발휘합시다. 이를테면 엄마들의 네트워킹이 학원이나 과외 선생 정보 교환만 하라는 법은 없잖아요? 제가아는 어떤 대학 교수는, 일주일에 한 번 초등학생인 아들과 아들친구들을 모아 놓고 글쓰기를 가르칩니다. 그 대신 그녀는 야간 강의나 세미나가 있는 날, 아들을 누구에게 맡겨야 하나 고민하지 않지요. 아들 친구네 집에서 기꺼이 아들을 맡아 주니까요. 요리를 좋아하는 어떤 엄마는 토요일 오후에 아이 친구들을 모아 쿠키를 구워 먹는 체험 학습을 진행합니다. 아이들이 제 손으로 쿠키 반죽을 하고 갖가지 모양을 만들며 즐거운 시간을 보내는 동안, 다른 엄마들은 책을 읽든 영화를 보든 운동을 하든 잠을 자든, 마음 편히 에너지를 재충전하는 시간을 가질 수 있답니다.

가족들은 제발이지 '당신들의 슈퍼우먼' 따위를 요구하여 여성을 '안팎곱사등이'로 만들지 맙시다. 서울에서 공동체 운동을 하면서 실제로 가사 노동을 담당해 본 어떤 남성이 이런 말을 했습니다.

"남성분들은 스스로 생각하기에 '너무 과하다' 싶을 정도로 가사 노동을 하셔야 겨우 균형을 맞출 수 있습니다."

요리, 설거지, 청소, 주방 정리, 옷장 정리, 쓰레기 분리수거 등 눈에 보이는 가사 노동은 차라리 쉬운 편입니다. 아이와 놀아 주기, 숙제나 준비물 챙겨 주기, 아픈 사람 간호하기, 생일이나 제사 등 각종 기념일 챙기기, 양가 어른들께 전화하기, 가계부 적고 재테크하기, 가족들의 기분을 살펴가며 적절한 대화 나누기 등 눈에 보이지 않는 가사 노동도 엄청나게 많답니다. 이 모든 짐을 여성 한 사람에게 떠맡기는 가족은 결코 건강한 가족이 될 수 없습니다. 가족이 다 함께 행복해지려면, 재생산 노동의 짐을 즐거이 나눠 가져야 합니다.

엄마처럼 살고 싶어!

　여성 개개인과 가족 구성원의 노력도 중요하지만, 일하는 여성이 행복해지기 위해서는 사회적 제도 개선이 필수적입니다. 여성의 노동권을 보호하는 정책과 제도와 법안들이 다양한 차원에서 마련되어야 하고 기업과 사회 문화적 차원에서 이를 지지, 뒷받침해 주어야 하지요. 그러기 위해서는 출산한 여성들이 마음 놓고 일을 할 수 있도록 공보육 시설을 확충하고, 육아 휴직 급여를 상향 조정하며 아동 수당을 신설하는 등의 노력이 절실합니다.

　하지만 대부분의 보육 시설이 국공립인 스웨덴이나 프랑스와는 달리 한국은 전체 보육 시설 중 5.5%만이 국공립 시설입니다. 또한 육아 휴직 급여의 비율이 프랑스 100%, 스웨덴 80%, 일본 40%인데 반해, 한국은 1년 간 월 50만 원을 지급하는 데 그치고 있습니다. 이는 월 통상 임금의 26.7%에 불과하지요. 게다가 스웨덴에서는 자녀가 8세가 될 때까지 육아 휴직이 가능하지만, 한국은 자녀가 3세까지만 휴직이 가능합니다. 이것도 2008년 6월에 확대된 것이라고 하니, 다시 한 번 우리나라 여성들이 얼마나 열악한 환경에서 일하고 있는지를 확인할 수 있지요.

　하지만 우리가 누굽니까? 현재가 열악하다고 해서 미래까지 포기할 사람들인가요?

저에게는 꿈이 있습니다. 언젠가 우리가 성별과 출산 여부가 아니라 오직 인격과 실력을 기준으로 평가하고 평가받게 되는 꿈입니다. 우리가 여자든 남자든 결혼했든 안 했든 아이가 있든 없든 서로 돕고 존중하고 함께 일하며 사랑하는 꿈입니다.

저에게는 꿈이 있습니다. 직장에 다니면서 임신하고 출산하는 것이 동료의 눈치와 상사의 해고 압박으로 이어지지 않고 하늘에서 별을 딴 것처럼 놀라운 행운으로 여겨지는 세상, 직장에 다니면서 아이를 키우는 일이 이중고二重苦로 표현되기는커녕 초콜릿처럼 달콤한 행복으로 여겨지는 세상에서 살게 되는 꿈입니다.

그래요, 지금 저에게는 꿈이 있습니다. 제 딸이 제가 겪어야 했던 힘든 시절을 겪지 않고 일과 가정, 일과 양육이 여유롭게 조화를 이룬 삶을 살아가는 꿈, 그리하여 딸의 딸, 그 딸의 딸들이 엄마의 삶을 부러워하고 기꺼이 엄마를 역할 모델로 삼으며 '엄마처럼 살고 싶어'라고 당연한 듯이 말하는 세상에서 살아가는 꿈입니다.

이번에는 흑인 남성 인권운동가 마르틴 루터 킹 목사의 "I Have A Dream"이라는 유명한 연설을 패러디해 보았습니다. 미래는 언제나 꿈꾸는 자의 몫이라는 말도 있고, 혼자 꾸는 꿈은 몽상이지만 여럿이 함께 꾸는 꿈은 현실이 된다는 말도 있지요. 어떤가요? 우리 다 함께 일하는 여성이 행복한 세상을 꿈꿔 볼까요?

박정애_소설가·강원대 스토리텔링학과 교수

참고 자료

〈여성들 '결혼이 죄'? 28% 직장 떠났다〉,《한겨레》, 2010년 1월 28일 자
〈가사 노동, 때론 좀 과하게 하세요〉,《오마이뉴스》, 2010년 1월 26일 자
〈맞벌이 여성 가사 노동 남편보다 7배〉,《여성신문》, 2009년 12월 31일 자
〈남편들, 수입 없어도 가사 노동 외면〉,《연합뉴스》, 2009년 12월 21일 자
〈2009년, 일하는 여성에게 가혹한 한 해〉,《여성신문》, 2009년 12월 11일 자
〈입법조사처 "저출산 극복 위한 아동 수당제 도입해야"〉,《아시아경제》, 2009년 10월 15일 자
〈불황에 '맞벌이' 원하는 미혼 남녀 급증〉,《세계일보》, 2009년 12월 22일 자
〈남성은 일하고 여성은 애쓴다?〉,《한겨레21》, 2009년 10월 16일 발행(제781호)

울고 싶은 '워킹맘'

"직장 생활하고 사생활하고 구분 못 하겠거든, 집에서 애나 보쇼!"

드라마 〈워킹맘〉에 나온 대사이다. 직장 동료에게 그런 마을 들으며 황망한 얼굴로 서 있는 여자 주인공 최가영. 그 순간 TV 브라운관에는 최가영 대신 내가 서 있다.

나는 두 살 된 아이를 키우며 직장에 다니고 있는 워킹맘이다. 아이를 낳기 전에는 육아도 직장 일도 집안일도 다 잘 해낼 줄 알았는데 막상, 아이를 낳고 보니 모든 게 뒤죽박죽이 되어버렸다. 전쟁을 치르듯 하루하루를 견뎌 낼 뿐인 생활에 이제는 회의가 든다. 요즘은 이런 사회에서 아이를 낳는 게 잘못인가, 하는 생각까지 든다.

출산 휴가가 끝나고 직장에 복귀하면서도 나는 모유 수유를 포기하지 않았다. 업무 시간 틈틈이 동료들의 눈치를 봐 가며 유축기로 젖을 짜서 보관했다. 하지만 일주일도 못 가서 나는 두 손을 들었다. 동료들 눈치 보는 일도 너무 큰 스트레스였고 제때 짜내지 못한 젖가슴도 너무 아팠다. 아이 때문에 회식에 불참하고 출장을 기피하는 일이 잦아지면서 일찌감치 승진 욕심도 버려야 했다.

퇴근 후에는 친정 엄마에게 맡긴 아이를 데리고 집에 온다. 아이 낳고 다시 일을 시작하면서 마땅한 어린이 집이 없어 결국 친정 엄마에게 아이를 맡겼다. 28년 동안 나를 키운 것도 모자라 손녀딸까지 키워야 하는 엄마를 생각하면 죄송한 마음부터 든다. 회사 일과 집안일 이 전쟁터 같은 생활 때문에 늘 그 마음이 전달되지 않는다. 결국 난 감사하다는 말조차 제대로 한 적 없는 이기적인 딸이 되어 버렸다.

스트레스는 집에서 더 쌓였다. 회식이니 야근이니 꼬박꼬박 다 참여하고 자정 가까이 되어서야 돌아오는 남편은 그때까지도 밀린 집안일을 하느라 동동거리는 나를 강 건너 불구경하듯 하였다.

"으앙, 엄마. 엄마."

아들이 운다. 나쁜 꿈을 꾸었거나 오줌을 쌌나 보다. 아, 잠이라도 푹 자야 내일의 전쟁을 치를 수 있을 텐데. 남편은 꿈쩍도 하지 않는다.

"이 녀석아, 그만 울어라. 정말 울고 싶은 사람은 엄마란다."

더 울고 싶은 워킹맘의 mom!

"우리 유라, 잘 놀고 있어요?"

이제 15개월 된 제 딸아이가 잘 놀고 있는지 궁금했는지 회사 점심시간에 맞춰 딸아이에게서 전화가 왔다. 맞벌이 부부인 막내딸은 아이를 낳고, 한 치의 고민도 없이 내게 제 딸을 부탁했다. 4남매 중 막내로 키워 고생이란 걸 모르고 자랐는데 아이로 인해 얼마나 힘들까, 시댁 식구보다 친정 엄마가 편해서 부탁했겠지 하는 마음에 손녀딸을 키우기로 결심했다.

"죄송해요"라는 말을 입에 달고 살던 딸아이는 아침 일찍 아이를 맡기고 재빨리 사라지기 일쑤다. 이젠 미안한 마음도 사라진 모양이다. 울고 있는 손녀딸을 달래고 밥 먹이고 재우고 나면 난리 통에 잊고 있던 관절염의 통증이 찾아온다. 한참을 무릎을 이리저리 만지고 있을 때, 전화벨이 울렸다. 손녀딸이 깰까 싶어 아픈 무릎을 꿇고 빨리 수화기를 들었다.

"내일 날씨도 좋은데, 등산이라도 가자고."

동네 친구의 제안을 오늘도 단번에 거절했다. 손녀딸을 돌봐야 하는 워킹맘의 엄마이기 때문이다. 내 마음대로 취미 생활도 못 하고, 환갑이 넘은 나이에 찾아오는 스트레스는 약도 없는데. 그래서인지 오늘따라 딸아이도 손녀딸도 미워 보인다.

"엄마, 유라 트림 꼭 시키세요."

이런 엄마 마음을 모르는 내 딸아이는 오늘도 그저 제 딸아이 걱정뿐이다.

노르웨이로 이민 온 지 4년 째.

올해 둘째 아이를 낳으면서 나는 놀라움을 감출 수 없었다. 임신 기간 중 각종 검진과 출산 비용이 전액 무료인 것은 물론, 출산 휴가 44주 동안 임금 전액을 국고에서 지원해 주는 것이 아닌가! 더욱 놀라운 것은 44주의 출산 휴가 중 6주는 남편이 쓴다는 사실. '파파 쿼터제' 라고 불리는 이 제도는 육아가 여성만의 문제가 아니라는 것을 확실하게 해 준다. 덕분에 나는 아이를 등에 업고 한 손엔 분유 가방을 든 남편의 모습을 보며 흐뭇한 미소를 지을 수 있었다.

출산 휴가가 끝난 뒤, 아이를 육아 시설에 맡겼다. 노르웨이의 육아 시설은 모두 국가에서 운영하고 있기 때문에 무엇보다 안심하고 아이를 맡길 수 있었다. 한국에서 첫째 아이를 낳아 기르면서 가장 고민했던 문제는 믿고 맡길 육아 시설이 부족하다는 것이었다. 결국 시어머니께 맡기면서도 불안하고 죄송했다. 하지만 노르웨이에서는 시댁에나 친정에 아이를 맡기는 경우는 찾아볼 수 없다.

육아 시설에 아이를 맡기고 8시까지 회사에 출근하고, 오후 2시면 퇴근을 한다. 모유 수유를 하기 때문에 하루 2시간씩 수유 휴가가 주어지는 것이다. 아이가 아플 때 쓸 수 있는 '자녀 병가' 가 있기 때문에 기죽거나 눈치 볼 필요가 없다. 아이가 아프면 어제든 아이에게 달려갈 수 있으니 얼마나 다행인지.

한국과 노르웨이에서 아이를 기른 워킹맘으로서, 한국의 워킹맘들에게 이렇게 외치고 싶다.

"노르웨이로 오세요!"

첫 번째, 두 번째 사례를 통해 워킹맘이 겪는 고충에 대해 느낀 점을 말해 봅시다. 집안일과 회사 일을 병행해야 하는 워킹맘들을 위해 사회적으로 어떤 제도가 만들어져야 할까요? 노르웨이 정책을 토대로 한국의 워킹맘을 위해 만들어져야 할 제도에 대해 이야기해 봅시다.

취업 면접 시 커피 심부름에 대해 묻는다면?

〈여성의 경우〉

모범 답안 1. 손님을 상대하는 중요한 자리에서 유독 저에게 커피 심부름을 시킨 것은 상사가 저를 인정하고 있다는 것이 때문에 즐거운 마음으로 임하겠습니다.

모범 답안 2. 커피 대접은 동료를 배려하는 마음이므로 누구나 할 수 있는 일이라고 생각합니다.

모범 답안 3. 최대한 맛있게 타려고 노력하겠지만 그 일이 성차별이라고 느끼지 않기 위해 남자 동기와 함께 커피를 타겠습니다.

〈남성의 경우〉

이런 질문을 받을 확률이 거의 없기 때문에 별도의 대답을 준비하지 않아도 된다.

대한민국 1등!

사무실 청소며, 커피 심부름까지 모두 다 내 차지. 작은 회사라, 일손이 모자라지만 분명 내가 하는 업무는 광고와 이벤트를 요구하는 회사들과 미팅을 잡는다거나, 광고 시안 계획 등의 스케줄을 잡는 등의 사무직이었다.

하지만 손이 모자랄 땐 남직원들과 함께 현장에 나가며 똑같은 업무를 봐야 했다. 특히 이벤트 업무의 경우 손수 의자를 나르기도 하고, 몇 백 개가 되는 풍선도 불어야 했다. 여기서 끝이 아니다. 이벤트 행사가 끝난 뒤 뒤처리까지 모두 도와야 했다. 현장 업무를 마친 뒤 사무실로 돌아온 남자 직원들이 한 손엔 담배, 다른 한 손엔 커피를 들고 쉬는 동안 나는 밀린 사무 업무를 봐야 했다. 컴퓨터 앞에 앉아 쉬고 있는 남직원들을 보고 있으면, 왜 내가 이런 대접까지 받아 가며 일을 해야 할까라는 생각이 절로 든다.

회사에서는 연봉 계약할 때 여자라는 이유로, 같은 날 같이 입사한 남직원들보다 연봉을 적게 줄 수밖에 없다고 하였다. 편히 의자에 앉아 일하는 여직원이라는 이유만으로. 하지만 막상 일을 해 보니, 의자에 앉아 일하는 것 외에 직접 현장에 나가 일하는 날들이 늘어만 갔다. 실질적으로 일하는 양이 내가 남직원들보다 많지만 연봉은 훨씬 적다.

나는 서울 중위권 대학을 졸업하여 입사를 위해 토익 900점을 넘겼다. 또한 광고 회사라 일러스트나 포토샵 자격증까지 일부러 땄다. 이런 스펙은 다른 동료들과 비슷하다. 그런데 왜 입사부터 연봉에 차이가 나는 것일까. 단지 여자라는 이유만으로? OECD 보고서(2009년)에 따르면 대한민국은 여성이 남성에 비해 38%나 임금을 적게 받는다는 결과가 나왔다고 한다. 대상 국가 21개국 중 가장 심한 임금 격차로 대한민국이 1등을 한 것이다. 그 이유는 여자는 출산·육아를 담당해야 되기 때문이라고 한다. 내가 그토록 궁금했던 이유가 단지 '여자' 이기 때문이라는 사실에 허탈했다.

대한민국이 1등이라는 타이틀이 이토록 반갑지 않은 적이 없었다. 지금 이 순간 21등을 한 국가, 그리고 그 국가에서 일하는 여성들이 부러울 뿐이다.

유리 천장

하얀 종이 위에 내 이름은 없었다. 힘이 빠지고 허탈감에 젖었다. 내 손으로 병원 한 번 데려가지 못한 일곱 살 난 아들. 어제 밤부터 열이 펄펄 끓었는 데도 나는 몰랐다. 야근하느라, 핸드폰이 꺼진지도 모르고 일한 못난 엄마였기 때문이다. 아들이 병원에 입원하고 나서야, 직장으로 걸려 온 담당 유치원 선생님의 전화로 아들이 아프다는 소식을 전해 들었다.

"유근이한테 신경 좀 써 주세요, 어머니."

선생님의 말투는 나를 매정한 냉혈 엄마로 낙인찍는 듯했다.

난 아픈 아이도 신경 못 쓰는 냉혈 엄마로 낙인찍힐 만큼 열심히 일했는데 승진 명단에 내 이름이 없는 이유는 왜일까. 왜 내 이름 대신 나보다 경력도, 능력도 부족한 남자 후배의 이름이 있는 것일까. 직장 상사는 납득할 수 없는 이유를 말해 주었다.

"애 엄마잖아. 집안일이며 회사 일이며 할 수 있겠어? 해외 파견 업무도 많을 텐데."

아이가 아픈 줄도 모르고 밤새 일해 왔지만 회사가 나에게 보장해 주는 것은 아무것도 없었다. 여성 직장인들의 승진을 막는 보이지 않는 장벽, 유리 천장. 나는 유리 천장에 가로막혀 또다시 현실의 쓴맛을 느껴야만 했다.

취업하기 전, 취업한 후, 결혼 후 직장과 관련해서 여성들이 겪는 차별 사례입니다. 글을 읽고 느낀 점을 이야기해 보고, 각각의 사례에 맞는 해결 방안을 이야기해 봅시다.

최초가 되기까지

한명숙 전 국무총리. 그의 타이틀 앞에 늘 따라다니는 수식어가 있다. 바로 '최초'이다. 그는 대한민국 헌정 사상 최초의 여성 국무총리이다. 그가 최초가 될 수 있었던 배경은 무엇일까.

한명숙 씨가 처음부터 탄탄대로를 걸었던 것은 아니다. 그의 어린 시절, 한국전쟁의 고통과 극심한 가난과 싸워야 했다. 6남매의 맏딸이었던 그는 일터에 나간 부모님을 대신해 집안일과 동생들을 돌봐야 했다.

결혼 후에도 그의 삶은 고통의 연속이었다. 감옥을 간 남편의 뒷바라지는 물론 동생들을 대학까지 보내야 했다. 하지만 이런 고된 삶은 그를 나약하게 만들기는커녕 더욱 강하게 만들었다. 어려운 상황 속에서 꿋꿋함을 잃지 않고, 오히려 가난과 고통을 받아들였다. 그 결과 국무총리가 되어서도 가난했던 시절, 절약

하고 또 절약했던 정신과 행동이 그대로 보였다. 티슈 한 조각을 한 번에 다 쓰지 않는다는 한명숙 씨. 근검절약 정신을 바탕으로 한 뚝심은 정계에서도 탐낼 만했다.

결국 한명숙 씨는 16대 국회의원으로 당선되었고, 이후에는 초대 여성부 장관으로 임명된다. 여성부 장관 시절, 그는 모성 보호 관련 3법, 여성 채용 목표제 등을 국회에 통과시키면서 여성 문제를 적극적으로 해결한다. 숨겨진 그의 리더십이 빛나는 순간이었다. 이후 그의 도전과 능력은 환경부 장관, 지역구 국회의원 그리고 최초의 국무총리가 된 그의 삶을 통해 엿볼 수 있다. 힘든 환경 속에서 언제나 희망과 빛을 잃지 않았던 점이 그를 '최초'의 자리에 앉게 해 준 근본적인 이유가 아닐까 싶다.

2010년 6.2 지방 선거에서 서울 시장에 도전했다가 근소한 차이로 낙선한 한명숙 씨. 하지만 그의 도전은 끝나지 않고 계속될 것이다.

지구본 속 꿈

빙그르르 도는 지구본 속에 한비야 씨의 꿈이 담겨 있다고 한다. 지구본 속, 그녀의 꿈은 무엇이었을까.

미국 유타주립대학 언론학 석사, 유명한 국제 홍보 회사에 다니던 그는 어느 날 불쑥 사직서를 내고 전혀 다른 인생을 선택한다. 지구본을 보며 꿈꿨던 세계 일주를 실현하기 위해서였다.

여행가로 다시 시작한 삶. 그는 세계 곳곳에 '눈도장'이 아닌 '발 도장'을 찍는다. 즉 육로로 걷고 또 걷는다는 그의 여행 원칙 아래 2,100일 동안 그의 발자취를 남긴 것이다. 한비야 씨는 이를 통해 세계 곳곳의 사람들의 삶을 배우기 시작한다. 그리고 그들의 이야기를 글로 펼쳐 낸다. 대표적으로 아프리카에서 중동, 중동아시아의 이야기를 그린 《바람의 딸, 걸어서 지구 세 바퀴 반》을 통해서 생생한 그의 목소리를 들을 수 있다.

여행가, 작가에 이어 한비야 씨는 긴급 구호 활동가가 된다. 2001년부터 국제 NGO 월드비전에서 긴급 구호 팀장으로 새로운 인생을 시작한 것이다. 이로서 그는 본격적으로 고통 속에 살아가는 세계의 사람들을 돕기 시작했다.

어렸을 적 호기심을 실제 현실로 꾸려 낸 한비야 씨는 '젊은 지도자'라는 타이틀을 얻었다. 항상 새로운 것에 도전하는 그의 열정은 또 다른 무언가를 열망하는 불씨가 되어, 보는 이의 가슴마저 벅차게 만든다.

한명숙 전 국무총리, 한비야 긴급 구호 팀장 등을 비롯하여 많은 여성들이 다양한 사회 분야에서 자리매김을 하고 있습니다. 〈본문 돋보기 4〉를 읽고 느낀 점을 이야기해 봅시다. 그리고 이외에 다른 분야에서 두각을 보이고 있는 사례를 찾아 친구들과 함께 이야기해 봅시다.

2부

문학과 대중 매체 속의 여성들

1. 문학과 여성

인공 조미료에 길들여진 입은
　　　　　풋풋한 자연의 맛을 알 수 없듯이

경제 경영, 자기 계발 서적의 비중이 많이 높아지기는 했어도, 여전히 베스트셀러 순위에는 소설, 수필, 동화 등 흔히 우리가 문학이라고 부르는 책들이 많이 들어 있습니다. 어떤 소설은 백만 부가 팔렸네, 어떤 수필집은 몇 십만 부가 팔렸네, 하는 소리도 심심치 않게 들립니다. 문학 작품이 이처럼 우리 삶에 깊숙이 파고든 것은 누구나 쉽고 재미있게 읽을 수 있기 때문일 것입니다(물론 모든 작품들이 다 그런 것은 아니지만). 늘 교과서와 참고서에 머리 파묻고 사는 여러분들도 교과서를 밀쳐 두고 잠을 쫓아 가며 소설책을 뒤적인 기억이 있을 것입니다.

《한국사개론》 같은 딱딱한 역사책은 몇 장 넘기다 잠드는 사람들도 《태백산맥》 같은 소설책은 밤새워 읽지요. 그것은 《태백산맥》이 우리 역사의 모습을 추상적으로 설명하는 것이 아니라, 김범우라든가 염상진 같은 사람들의 구체적인 삶을 통해서 보여 주기 때문입니다. 《상록수》를 읽으면서 우리는 일제 시대의 삶이 어떤 모습이었는지, 진리에 목말라 하는 청년들이 무엇을 위하여 청춘을 바쳤는지 알 수 있습니다. 《태평천하》에서는 판소리 투의 문체와 작가의 걸쭉한 풍자의 체를 통해 걸러진 암울한 시대상을 실감할 수 있고, 《삼대》에서는 부도덕한 신흥 자본가의 생활상을 눈으로 보듯이 접할 수 있지요.

우리는 재미만을 위해서 문학 작품을 읽지는 않습니다. 컴퓨터 게임을 하는 것보다 소설이나 시를 읽는 것을 더 가치 있게 여기는 것은, 그것이 삶과 세계에 대한 깊은 성찰을 담고 있다고 믿기 때문입니다. 《태백산맥》을 꼼꼼하게 읽은 사람이라면 1945년부터 53년까지 우리 민족사의 과제가 무엇이었으며 그것을 위해 사람들은 어떻게 싸웠는지 알 것입니다. 아마 그런 사람은 역사 교과서에서 얻은 것 이상으로 우리 역사를 보는 눈이 생겼을 것입니다. 그런데 문제는 문학이 항상 올바른 인식만을 담아 내지 않는다는 데 있습니다.

요즘 청소년들에게 인기 있는 판타지 소설이나 인터넷 소설, 칙릿(젊은 여성 독자의 취향에 맞춘 소설)은 역사의식이나 현실 감각을 오히려 떨어뜨리는 경우가 많습니다. 책 읽는 재미에 푹 빠지다 보면, 책에 나온 이런저런 생각들을 아무런 비판 없이 받아들이는 경우가 있습니다. 인공 조미료에 길들여진 입은 풋풋한 자연의 맛을 알 수 없듯이 그릇된 문학에 길들여진 독자는 사물을 제대로 보고 느낄 수 없습니다. 비평적인 안목을 갖고 문학 작품을 읽어야 하는 것은 이런 이유에서입니다.

문학 작품이 쏟아 내는 우리 시대의 초희와 신데렐라

박완서의 《휘청거리는 오후》라는 작품에는 초희라는 여자 주인공이 등장합니다. 초희는 결혼이야말로 풍요로운 삶과 신분 상승에 이르는 지름길이라고 믿고 있습니다. 그녀에게 사랑이나 연애 같은 것은 거추장스러운 것입니다. 그녀는 오로지 풍요로운 삶을 보장해 줄 남자를 만나기를 고대합니다. 마침내 중매로 부자를 만나게 되고, 그의 마음을 사기 위해 필사적인 노력을 기울인 끝에 결국 결혼하게 됩니다. 그러나 그녀는 끝내 행복을 얻을 수 없었습니다.

우리 주변에도 초희와 같은 사람이 꽤 많은 것 같습니다. 그것은 여성이 제 힘으로 살아 나가기 힘들게 만드는 사회 구조 때문이기도 합니다. 문학 작품도 여기에 한몫 거들고 있지요.

그토록 우리 가슴을 울리던 동화도 꼼꼼히 읽어 보면 결코 순수하지 않다는 것을 알 수 있습니다. '신데렐라'의 경우 자세한 줄거리를 소개할 필요도 없을 것입니다. 《누가 잠자는 숲속의 공주를 깨웠는가》를 쓴 이링 페처 같은 작가는, 신데렐라 이야기가 전해지는 과정에서 심하게 변질되었을 것이라고 합니다. 누군가 이 이야기를 바꿔 놓은 이유는 '민심을 안심시키기 위한

것'이라고 합니다. 즉 신데렐라처럼 억압당하는 사람들에게, '당신들도 대들지 않고 참고 기다리다 보면 신데렐라처럼 행복해질 것이다'라고 가르치기 위해서라는 것이죠.

신데렐라가 쥐들로부터 도움을 받은 것은 어머니 유언대로 '착하고 정숙하게' 산 대가였습니다. 만일 그녀가 자신을 구박하는 계모에게 부당함을 호소하거나 맞서 싸웠다면 결코 그런 행운은 주어지지 않았을 것입니다. 어느 중학생이 쓴 '신데렐라의 미래는 과연 행복했을까?'라는 글은 우리에게 또 다른 생각을 갖게 합니다.

신데렐라는 궁중의 수많은 예법, 복잡한 생활, 분수에 맞지 않는 것들에 적응하기 힘들었을 것이다. 신하들의 억지웃음에 배어 나오는 무시의 눈총과 비웃음의 행동으로 그 순박한 신데렐라는 상처를 입었는지도 모른다. 여러 모로 조건이 맞지 않는 신데렐라와 시어머니의 갈등은 심하지 않았을까. 시어머니의 입장에서는 당연히 좋은 가문의 아름다운 며느리를 원했을 것이고, 아무것도 모르는 신데렐라가 왕비가 되므로 궁중의 질서가 무너질 것을 염려했을지도 모른다……. 우리는 이 동화를 비롯해 여러 가지 동화로 인해 자존심 상하고 허황된 꿈을 꾸어 왔다……. 나를 행복으로 가득 채워 줄 왕자님만을 꿈꾸고 있다는 건 '배달의 여성'으로서 그야말로 자존심 상하는 일이 아닐까?

김지은_중2

《흥부전》, 《홍길동전》 등 전래 동화와 《소공자》, 《보물섬》, 《플란더스의 개》 등 외국 동화의 주인공은 대부분 남자입니다. 《심청전》, 《춘향전》, 《소공녀》, 《작은 아씨들》 등 여자가 주인공인 소설도 있지만, 남자 주인공이 여자 주인공에 비해 대략 두 배 이상이고 주변 인물도 남자가 절대 다수를 차지하고 있습니다. 이렇듯 동화 속의 남자는 수가 많을 뿐 아니라 내용도 주도적으로 이끌어 나가, 마치 남자가 인간을 대표하는 것처럼 생각하게 합니다.

그러나 전래 동화와 외국 동화에 나타난 남녀의 모습을 곧바로 현대의 남녀 모습으로 받아들이기보다는 시대와 연결 지어 이해해야 합니다. 이들 동화는 지금으로부터 수백 년 전, 철저히 남성 중심이었던 시절에 쓴 것이기 때문입니다.

루이스 캐럴이 지은 《이상한 나라의 앨리스》, 아스트리드 린드그렌의 《내 이름은 삐삐 롱스타킹》, 루시 몽고메리의 《빨간 머리 앤》 등 현대의 동화 작품은 훨씬 개성적이고 씩씩한 여자 캐릭터들을 등장시킵니다. 우리나라 동화 작품의 여자 캐릭터도 시나브로 바뀌고 있는 중이고요. 자기 삶의 주인으로 당당히 살아가는 여자 캐릭터들이 앞으로는 더욱 많아지지 않을까요?

고전 속에서 만나는 여성들
-운명에 순종하는 여인과 운명을 개척하는 여인

동화의 세계를 벗어나면서 여러분은 시간과 공간을 넘나드는 고전의 세계를 만나게 됩니다. 거기에는 캬추샤가 유배 가는 시베리아가 있고, 햄릿이 있고, 로미오와 줄리엣의 사랑이 있으며, 프랑스 혁명의 소용돌이와 남북전쟁이 펼쳐지죠. 문학 작품 읽기는 여행과 비슷해서 우물에서 뛰어나와 우물 바깥의 하늘을 볼 수 있게 합니다. 그러나 자칫 그 시대의 역사와 작가의 사상을 제대로 이해하지 못하고 읽으면 읽지 않느니만 못합니다.

이러한 문학 작품을 감상할 때에도 수동적인 독자가 아니라 비판적이고 능동적인 독자로 자신을 훈련시키는 것이 필요합니다. 문학 역시 그 시대와 작가의 한계를 반영하므로 반드시 옳은 세계관을 보여 주지는 않기 때문입니다. 문학 속의 여성상은 갖가지 모습으로 나타나는데, 대개는 다음 두 가지로 나눌 수 있습니다.

운명(그 시대의 제도, 사회적 통념을 비롯하여 타고난 조건들, 예를 들면 신분, 재산, 외모 등)에 순종하는 여인상과 스스로 운명을 개척하는 여인상이 그것입니다. 물론 운명에 순종하되 도덕적이고 이타적인 삶을 사는 사람들과, 타락하고 비참한 삶을 사는 사람들은 구별되어야겠죠. 그리고 자기 운명을 개척하되 무자비하고 부도덕한 방법을 택하는 사람들과 꿋꿋하고도 진실한 삶의 길을 걸어 나가는 사람들도 분명 다릅니다. 기 드 모파상의 《여자의 일생》에 나오는 잔느가 순종적, 이타적인 여인상을 대변한다면, 에밀 졸라가 쓴 《목로주점》의 주인공 제르베즈는 순종적이면서 타락한 여인상을 보여 줍니다. 에우리피데스의 《메데이아》가 주체적이되 무자비한 여성을 대표한다면, 박경리의 《토지》에 나오는 최서희는 불굴의 의지를 보여 주되 부도덕하지는 않습니다.

문학의 효용 중 하나는 대리 체험을 통해 '어떻게 살 것인가'의 문제를 보다 풍부하게 사고하도록 도와주는 것입니다. 여러 여성들의 삶을 살펴보고 그 삶의 질을 가름하는 것이 무엇인지 생각해 보면 자신의 삶의 길을 밝히는 데 도움이 될 것입니다.

남성은 에로틱한 동물, 여자는 로맨틱한 천사?

소설 작품이 아닌 다른 문학 작품에서도 남성과 여성에 대한 이분화된 편견, 사랑에 대한 허상을 찾아볼 수 있습니다. 베스트셀러 목록을 보면 수필집이 높은 순위를 차지하는 것을 종종 확인할 수 있습니다. 자신의 경험이나 사유를 담아내는 수필집은 현실에 기반하고 있지만, 그 자체가 '사실'이라고 하기는 어렵습니다. 사랑에 대한 단상을 담고 있는 수필집의 한 단락을 살펴봅시다.

남성은 에로틱하나 여성은 로맨틱하다고 흔히 듣는다. …… 여성은 로맨틱한 분위기를 더 좋아하기 때문에, 사랑하는 사람보다도 '사랑' 그 자체보다 사랑이란 어휘를 더 사랑하고, 연인을 가졌다는 '그 사실'만으로도 황홀해지고, 누군가로부터 '사랑받고 있다는 정감'에 혼자서도 도취된다고 한다.

그래서 여성은 사랑하던 사람과 말없이 걷던 푸른 숲길을, 마주 앉아 향기로운 차를 마시던 예쁜 찻집을…… 못 잊어 한다. 아니 잊지 않으려 안간힘을 쓴다.

《별들의 약속》, 유안진

과연 남성은 에로틱한 동물이고 여성은 로맨틱한 천사일까요? 이 글을 읽으며 로맨틱한 사랑을 꿈꿀 때, 독자는 자신도 모르게 사랑이란 언어의 감옥 속에 갇혀 버릴 것입니다. 아마 그들은 평생 로맨틱한 사랑을 이해하지 못하는 속물들을 비웃으며, 사랑하는 사람과 걷던 푸른 숲길을 그리워할지도 모릅니다. 중세 기사도 문학이나 〈사랑과 영혼〉 같은 영화를 보며 위안을 느끼겠죠. 그들의 정신세계가 현실에 발붙이지 못하고 떠돌아다니게 되지 않을까 하는 우려가 앞섭니다.

사랑이 서로를 위해서 얼마나 고군분투하는 것인가를 깨닫지 못할 때, 우리의 사랑은 이기적인 것이 되어 버릴 것입니다. 이런 사랑이 이웃과 인간에 대한 사랑으로 자라나기를 바랄 수는 없을 것입니다.

낭만적 사랑의 환상을 불러일으키는 로맨스 소설류

중·고등학생들이 즐겨 읽는 로맨스 소설(요즘은 종이책보다 인터넷을 통해 더 많이 읽기도 합니다)이라는 것도 신데렐라 콤플렉스를 부추기는 주범입니다. 에리히 프롬이 《사랑의 기술》에서 역설한 '책임, 보호, 존경, 지식'은 찾아볼 수 없고 그저 '낭만적 사랑'의 환상만을 불러일으킵니다. 이런 소설에 등장하는 남자 주인공들은 그야말로 완벽합니다.

> 그는 첫눈에 보기에도 지적으로 생긴 용모에 이마와 턱이 각져 있어 강인해 보였고 남성적인 느낌을 주었다. 가까이서 보니 그는 더욱 매력적으로 보였다. 키는 185cm 정도 될까? 어깨는 넓고 허리는 좁은 매력적 역삼각형 체격이었다.
>
> 소설 《행복이 무엇인가》 중에서

게다가 이런 남자 주인공들은 적극적이고 주체적인 성격에, 만능 스포츠맨이고 사회적 명성과 많은 재산의 소유자입니다. 여자 주인공 역시 여성적 아름다움을 지니고 있습니다. 그러나 일반적인 경우, 여자 주인공들은 가난하거나 사회적 지위가 낮습니다. 간혹 재능이 뛰어나고 자기 일을 가진 여성이 나오기는 하지만 그들 역시 남성의 권위에 순종하기 일쑤지요. 게다가 결말은 언제나 외모와 돈, 권력을 모두 갖춘 완벽한 남성과의 결혼을 통해 진정한 행복을 얻는다는 식입니다.

《사랑의 랩소디》라는 로맨스 소설을 보면 쉽게 이해할 수 있을 겁니다. 여주인공 트리셔는 23세의 신출내기 신문 기자입니다. 그녀는 자신의 일에 열심히 임하고, 삶을 독립적으로 꾸려 나갑니다. 그녀의 애인은 건실하고 착한, 지극히 평범한 청년입니다. 그러던 어느 날, 그녀 앞에 육체적 매력이 넘치고 부유한 다른 청년이 나타납니다. 트리셔는 그의 이런 조건 때문에 애인을 배반하고 새로운 청년에게 가 버리고 맙니다.

로맨스 소설류는 현대판 '신데렐라'라 할 수 있습니다. 차이점은 내용이 현실적으로 바뀌었다는 것과 '낭만적 사랑'이란 요소가 첨가되었다는 정도입니다. 대부분의 남녀 주인공은 첫눈에 반합니다. 그리고 상대방이 자기를 사랑한다는 사실을 몰라 애태웁니다. 대부분의 로맨스 소설은 이런 심리적 갈등이 어떻게 해소되는가를 아주 자세히 보여 줍니다. 그들은 마침내 사랑을 확인하고 결합하게 됩니다. 이 부분에서 거의 예외 없이 현란한 수식어를 동원하여 성행위를 묘사합니다. 그들은 항상 사랑에 대하여 생각합니다. 그들의 유일한 삶의 목적은 연애 상대의 사랑을 구하는 것입니다.

남녀가 첫눈에 반할 수도 있고, 상대방이 자기를 사랑하는가에 대해 고민할 수도 있겠지요. 문제는 그 사랑이 어떤 사랑이냐 하는 것입니다. 여기 나온 사랑은 책임 있는 두 인격 간의 사랑이 아니라, 의존과 지배의 관계 위에 선 불구의 사랑이라는 것입니다. 또한 그러한 사랑은 이웃에 대한 사랑, 정의에 대한 사랑으로 이어지지 않은 채 오직 두 사람의 감정 속에 갇혀 있는 느낌입니다. 그것을 사랑이라 부를 수 있다면 이런 사랑은 짜릿한 심리적 유희에 지나지 않습니다. 자신과 상대방 그리고 그것을 넘어서 이웃에게로 확산되는 사랑은, 좀 더 나은 세상을 꿈꾸고 그것을 위해 살아가는 삶 속에서 나옵니다.

새날을 힘차게 여는 씩씩한 여성에게 갈채를

여성을 주체적 인간으로 세우고, 거짓 사랑이 아닌 참된 사랑법을 보여 주는 문학 작품을 쓰고 읽는 작은 노력이 건강한 여성을 만들 것입니다. 한 작품을 예로 들어 볼까요?

현재까지 85개 언어로 번역되었고, 연극·영화·뮤지컬로도 제작되어 많은 어린이들의 사랑을 받고 있는 《말괄량이 삐삐》. 한데 이 작품이 처음 출판됐을 당시에는 굉장한 논란이 일었다고 합니다. 처음 원고를 받았던 출판사에서는 '한심한 말괄량이 이야기를 순진한 어린이들에게 읽힐 셈이냐'며 원고를 돌려보냈고, 교육계에서도 '이 동화가 여자 어린이들의 버릇을 망쳐 놓을 것'이라고 비난했다고 합니다.

그러나 삐삐는 하고 싶은 말을 솔직하게 표현하고 활달하게 행동하여 숱한 실수에도 불구하고 놀라운 재치와 명랑함, 그리고 의리 있는 마음가짐으로 모든 사람들로부터 사랑을 받았습니다. 힘도 엄청나게 세서 커다란 말을 번쩍 치켜드는가 하면, 어른들을 능가하는 슬기로 도둑이나 해적들을 혼내 주고 거뜬히 물리칩니다. 종래의 바람직한 여자 어린이 이미지의 틀 안에서는 상상조차 할 수 없는 것들이었습니다. 삐삐의 그런 모습은 어른들이 짜 놓은 생활에 숨 막혀 하던 아이들의 가슴을 후련하게 씻어 주었고, 새로운 교육 사상가들을 사로잡았다고 합니다.

우리도 이제 '여자는 이래야 한다'는 식의 굴레를 벗어나 새 날을 힘차게 열어 가는 씩씩한 여성을 문학 속에서 만나야 할 것입니다.

우리교육 출판부

아빠 같은 사람만 있는 건 아니겠지?

학교를 마치고 집에 오자마자 컴퓨터를 켰다. 드디어 컴퓨터가 켜지고 인터넷 소설 카페에 들어갔다.

'늑대의 유혹' '개기면 죽는다' '나쁜 남자가 끌리는 이유'……. 따끈따끈한 새 글이 올라와 있다. 하나하나 제목을 확인하고 글을 읽어 내려가면서 서서히 여주인공들에게 빙의!

학교 짱에 터프하고 거친 매력을 가진 해원. 하지만 좋아하는 여자 한경 앞에선 순한 양! 만화 속에서 튀어 나온 꽃미남 대표 태성. 잘생긴 외모에 어울리게 한경 앞에서도 한없이 부드러운 양이다. 서로 상반된 이미지의 해원과 태성은 늘 나를 고민하게 만든다. 거친 늑대의 탈을 쓴 순한 양 해원이냐, 아이스크림 속 달콤한 초콜릿 같은 남자 태성이냐! 이런 두 남자의 사랑을 받는 여주인공 한경의 대사 한 줄 한 줄 읽어 내려 갈 때마다 내가 한경이 된 것 같은 기분에 휩싸인다.

내가 해원과 태성 사이에서 고민하는 한경이 되어 있을 때, 부엌에서 들리는 엄마의 목소리가 나의 달콤한 상상을 깨뜨린다.

"당신, 먹은 건 당신이 치워!"

불룩 나온 배를 만지며 의자에서 일어나는 아빠를 향해 쏟아지는 엄마의 핀잔. 그런 엄마의 핀잔을 무시하고 소파에 벌러덩 드러눕는 아빠. 소파에 누워 TV 채널을 이리저리 돌리고 있는 아빠를 보니 긴 한숨이 새어 나온다. 해원이와 태성이와 너무나도 비교되는 아빠의 모습.

소설에서처럼 잘생긴 외모에 여주인공을 위해서라면 어떤 일이라도 해 주는 백마 탄 왕자님은 이 세상에 없는 것일까. 하지만 이런 생각을 하면 너무 우울해서 참을 수 없다. 오늘도 아빠의 불룩 나온 배와 아빠를 향한 엄마의 핀잔이 나의 핑크빛 상상을 쥐고 흔든다.

달콤하지만 쓴 현실, 신비하지만 허무한 상상

《달콤한 나의 도시》는 사랑 때문에 울고불고할 어린 청춘은 아니지만 마음 한구석 사랑을 갈망하는 서른한 살 오은수의 이야기를 담고 있다. 옛 애인의 결혼 소식에도 무덤덤해질 만큼 감정이 메말라 있던 어느 날, 그녀에게 의도하지 않은 일들이 펼쳐진다. '끌리는 연하남' 태오와의 사랑, 친구로만 생각했던 유준이 자신을 결혼 상대로 지목하는가 하면, 능력 있는 CEO 영수와 결혼을 전제로 만남을 가지기도 한다. 하지만 모든 일들은 순탄하지 않고 은수는 매번 갈등과 고민을 겪는다. 이렇듯 《달콤한 나의 도시》 속 은수를 통해 삼십 대 여성의 연애사를 들여다볼 수 있고, 그녀를 통해 나의 삼십 대를 그려 보기도 한다.

한편 뱀파이어와의 위험한 사랑을 다룬 《뉴문》은 현실에서 겪을 수 없는 사랑 이야기를 선보인다. 벨라와 에드워드는 처음 본 그 순간부터 서로에게 이끌리게 된다. 벨라와 에드워드는 서로에게 위험한 존재임에도 불구하고 아슬아슬한 사랑을 하게 된다. 그러던 중 이들의 사랑에 반대하는 남자 제이콥이 등장한다. 벨라를 마음속으로 좋아하는 그는 늘 벨라의 곁에서 맴돌며 에드워드를 주시한다. 《뉴문》 속 벨라, 에드워드, 제이콥. 이들이 보여 주는 사랑의 삼각관계는 뱀파이어와 늑대 인간이라는 설정을 통해 다른 상상의 나래를 펼치게 해 준다.

〈본문 돋보기 1〉을 읽고 최근 유행하는 소설들에 대해 이야기해 봅시다. 특히 'N 소설'에 등장하는 남녀 주인공의 캐릭터들이 어떤 특징을 가지고 있는지 살펴보고, 현실과 다른 점을 토론해 봅시다.

내 몸의 주인은 누구?

"노예는 타인의 합법적 사유 재산인 인간이다."

사전에 나오는 노예의 정의이다.

여자 연예인은 기획사의 사유 재산일까? 사유 재산이 아니고 서야 어떻게 상납의 대상이 될 수 있을까? 상납이라 함은 "윗사람에게 돈이나 물건을 바치는 행위 또는 그 돈이나 물건"을 가리키는 말이 아니었던가? 그렇다면 여자 연예인의 육체와 섹슈얼리티는 상납의 대상이 될 수 있는 '물건'이란 말인가!

여자가 그 아비와 남편의 합법적 사유 재산으로서의 지위에서 벗어난 지는, 가부장제의 오랜 역사에 비추어 볼 때, 상당히 짧은 기간에 불과하다. 합법은 아니라도 '음성적 사유 재산'의 지위에서 벗어난 지는 더더욱 얼마 되지 않았다.

1925년에 발표된 김동인의 단편 소설 〈감자〉에서 주인공 복녀는 나이가 스무 살이나 많은 동리 홀아비에게 단돈 팔십 원에 팔려서 시집가는 것으로 되어 있다. 마지막 남은 재산 팔십 원으로 복녀를 샀던 그 게으른 홀아비는 아내의 노동력과 매춘에 기대어 살다가 마침내는 중국인 왕서방으로부터 아내의 목숨 값 삼십 원을 받아 챙긴다. 장사치고는 확실한 장사를 한 셈이다. 김유정의 〈소낙비〉에는, 열아홉 어린 아내를 동리의 부자 양반에게 빌려 주어 노름 밑천 이 원을 얻어 내려 하는 남편이 등장한다.

여자의 몸과 성은 가부장제 국가의 재산이기도 했다. 고려는 여러 차례에 걸쳐 원元에 공녀貢女를 바쳤다. 식민지 말기 종군 위안부 징발 시에 조혼이 성행했던 것처럼, 이 당시 고려에도 조혼하는 풍속이 생겨났다. 조선 또한 상국 명나라에 공녀를 바쳐야 했는데, 1521년(중종 16)에 이르러서야 겨우 명나라의 허락을 받고 공녀 제도를 폐지할 수 있었다. 종군 위안부는 일본 제국주의에 의해 조직된 성노예 군단이라는 점이 다를 뿐, 여자의 몸과 성을 국가 권력이 소유하고 관리한다는 차원에서는 공녀와 동일한 맥락에 놓인 것이다. 태평양 전쟁 패전 직후 일본에서 점령자 미군을 위한 일본인 위안부 부대를 즉각적으로 조직했다는 사실이 시사하는 바 또한 마찬가지이다. 주인이 누구이든 여자의 몸은 여자 자신의 것이 아니었던 것이다.

강도가 도둑질에 그치지 않고 굳이 집 주인을 성폭행하고 가면서 무슨 대단한 신고 방지책이라도 세운 것처럼 생각하는 짓거리나, 매니저가 여자 연예인을 성폭행하고 그것을 녹화해 둔 비디오를 일종의 노예 문서처럼 활용하는 짓도 따지고 보면 여자의 몸과 성에 대한 가부장의 소유권, 그 불가침성에 대한 우리 사회의 오래된 통념과 동떨어진 것이 아니다. 아니 오히려 그 오래된 통념이야말로 이런 범죄들의 숨은 공범일 것이다.

연예 기획사와 여자 연예인과 권력자. 그리고 그들을 연결하는 성 상납이라는 고리. 이것은 그들 중 누군가를 처벌하거나 누군가를 비난하거나 아니면 사회 전체의 도덕 불감증 어쩌고저쩌고 뜬구름 잡는 비평에 열을 올린다고 해결될 문제가 아니다. 춘향이가 변학도의 수청 요구를 거부했다가 매 맞고 옥에 갇히는 장면과 오늘날의 연예계 성 상납 뉴스는 결코 근본적으로 다른 이야기가 아니다.

나는 묻는다. 내 몸의 주인은 누구인가?

"내 몸의 주인은 나." 너무나 당연한 말 같지요. 하지만 〈본문 돋보기 2〉를 보면 노예 제도도 폐지된 현대 사회에서도 내 몸에 대해 주인 행세를 하려 드는 타인이나, 권력, 물질, 제도, 이념 등은 다양한 형태로 존재하고 있다는 사실을 알 수 있습니다. 내 몸을 내 것이 아니게 하는 경험이나 간접적으로 듣고 본 경험을 이야기해 보고, 이 문제를 '인권'과 연결시켜 토론해 봅시다.

한국 단편 소설 속의 여주인공들

나도향의 작품 〈물레방아〉의 방원은 지주 신치규의 묘실墓室을 사는 가난뱅이입니다. 방원의 아내는 풍요한 사람에 대한 욕망으로 가득 찬 스물두 살 요염한 아낙입니다. 아들을 낳아 주길 바라는 늙은 신치규와 젊은 아내가 놀아나는 것을 본 방원은 지주에게 대들다 상해 죄로 옥살이를 합니다. 출옥한 방원을 맞는 것은 세상의 냉혹함뿐입니다. 이미 풍요로움을 경험한 아내는 칼을 품고 아내에게 같이 도망가자고 위협하는 방원을, 목숨 걸고 거절합니다. 방원은 아내를 찌르고 자신도 죽습니다.

인간의 욕망과 애정 관계에까지 스며들어 있는 봉건 사회의 모순을 잘 형상화시켰다는 평가를 받고 있는 작품입니다만, 우리는 여성의 시각으로 한번 살펴봅시다. 아내와 자기를 찌른 방원의 봉건 사회에 대한 항거는 어떤 점에서 비판받을 수 있을까

요? 방원의 아내에 대해 유교적 윤리관은 남편에게 찔려 죽어
싸다는 사형 선고를 내릴 것입니다. 그렇게 단순한 문제일까요?

현진건의 〈빈처〉의 주인공 나는 돈 한 푼 벌지 못하는 작가 지
망생입니다. 어느 날 T가 찾아와 자기 아내에게 줄 양산을 자랑
합니다. 이 모습을 본 나의 아내는 나에게 돈을 벌어 오라며 구
박을 합니다. 그러던 중에 나와 아내는 돈은 많지만 눈에 멍이
든 처형(언니)의 모습을 보고는 돈보다 행복이 더 중요하다고 생
각합니다. 빈처의 나의 아내는 힘든 가난의 생활 속에서도 남편
에 대한 믿음과 신뢰를 잃어버리지 않는 인물입니다. 또한 남편
을 뒷바라지하는 것도 잊지 않는 수동적인 여성 인물의 대표이
지요.

〈사랑 손님과 어머니〉에 나오는 여섯 살 옥희의 어머니는 아
직 젊고 고운 과부입니다. 옥희네 집에서 하숙을 하는 사랑방 손
님은 죽은 옥희 아버지의 친구입니다. 옥희의 어머니는 풍금을
타며 울기도 하고 '너 하나면 그뿐이다' 하며 갑자기 옥희를 껴
안거나 '시험에 들지 말게…… 시험에 들지 말게……'를 몇 번
이고 되풀이하며 주기도문을 외웁니다.

어느 날 아저씨는 짐을 꾸려서 떠나고 옥희와 옥희 어머니는
언덕에 올라가 아저씨가 탄 기차가 사라질 때까지 바라봅니다.
어린 옥희는 어른들의 사랑을 다 이해하지 못하지만 독자인 우
리는 사랑 손님과 어머니 사이에 흐르는 연정을 느낍니다. 어머
니가 소중한 사랑을 포기하는 이유는 무엇일까요? '화냥년'이
라는 딱지가 찍힐까 봐 무서워하는 어머니, 개가한 여자의 딸로

서 옥희의 미래에 미칠 불이익을 두려워하는 어머니의 심리 묘
사에 유의하여 읽어 봅시다.

우리나라의 근대 단편 소설 가운데 나타난 여성상에는 공통된 특성
이 있습니다. 〈본문 돋보기 3〉을 읽고 각각의 작품에 나타난 여성
의 모습을 이야기해 보고, 어떤 공통점이 있는지 찾아봅시다. 그리
고 이러한 여성상을 어떻게 받아들여야 할지 토론해 봅시다.

외국 소설 속의 여주인공들

18세기 프랑스의 대표적인 작가인 모파상의 《여자의 일생》은 외국 명작들이 여성을 어떻게 다루고 있는지 알게 하는 전형적인 작품이다. 내용을 간략하게 살펴보자.

중산층 가정에서 태어난 잔느는 수녀원에서 한 떨기 꽃처럼 곱고 귀하게 자라난다. 교구 신부의 소개로 알게 된 줄리앙과 결혼하면서 그녀의 불행은 시작된다. 줄리앙은 겉모습은 싹싹한 미청년이었지만 황금과 향락만을 추구하는 속물이었다. 신혼기에 하녀를 겁탈하는 것으로 출발한 그의 바람기는 잔느의 친구와 밀회하다가 그녀의 남편으로부터 참살당하는 것으로 끝난다.

잔느는 참사랑의 의미도 알지 못한 채 홀어미로서 아들 폴에게 온갖 희망을 걸고 살아간다. 그러나 귀염만 받고 큰 데다가 아버지의 기질을 이어받은 폴은 파리와 런던을 왕래하며 여러 여자와 놀아나며 가산을 탕진한다. 마침내 파산한 아들에게서 손녀를 데리고 온 잔느는 다시 그 애에게서 삶의 의미를 찾는다.

비비안 리 주연의 영화로 더욱 유명한 《바람과 함께 사라지다》는 주인공 스칼릿 오하라의 뛰어난 성격 창조로 널리 읽히는 작품이다. 타라의 기질을 이어받아 억세고 강렬한 성격의 스칼릿은 개성 넘치는 남부 미인이다. 그녀는 남다른 현실 감각을 자랑하지만, 사랑에 있어서는 한없이 어리석다. 자신이 선택한 애슐리가 다른 여자와 결혼하자 홧김에 그의 누이와 결혼할 남자였던 찰스를 유혹해 결혼해 버린다.

남북 전쟁이 터지고 남편 찰스가 입대한 뒤 스칼릿은 전쟁의 공포와 기아 속에서 엄청난 충격과 혼란을 겪게 된다. 그녀는 "하나님, 맹세합니다. 다시는 굶주리지 않겠어요"라고 다짐하는 한편, 목재상을 하는 동생의 약혼자를 빼앗아 두 번째 남편으로 삼는다. 이후 스칼릿은 자신의 고향 타라의 옛 영광을 되찾기 위해 전력투구한다.

한편 냉철한 현실주의자 레트 버틀러는 스칼릿의 애슐리에 대한 집착과 사랑을 모르는 바는 아니지만, 언젠가는 자신을 사랑할 것이라 기대하고 스칼릿과 결혼한다. 하지만 이들이 결혼 생활은 스칼릿의 애슐리에 대한 연정 때문에 오해로 얼룩지고, 스칼릿이 레트에 대한 사랑을 깨달았을 때 레트는 떠나고 만다. 혼자 남은 스칼릿은 "내일은 또 내일의 태양이 비칠 것이다"라는 유명한 독백을 남기고 자신의 의지를 북돋운다. 이 똑똑하고 당당하며 냉혹할 만큼 타산적인 여자도 17세 때의 환상에서 벗어나는 데 무려 10년이 걸렸고, 혹독한 대가를 치러야 했다.

〈본문 돋보기 4〉를 읽고 명작이라 손꼽히는 작품들 속에 나타난 여성상에 대해 이야기해 봅시다. 《여자의 일생》에서 잔느의 일생을 결정한 것은 잔느 자신이었습니까? 《바람과 함께 사라지다》의 여주인공인 스칼릿은 어떤 면에서 잔느와 달랐습니까? 스칼릿의 매력과 장점, 한계를 토론해 봅시다.

2. 대중 매체 속의 여성

누리의 하루와 대중 매체

누리는 아침마다 잠과 씨름합니다. 잠의 유혹과 지각에 대한 걱정이 한참 실랑이를 하다가 이윽고 자리를 박차고 일어납니다. 세수와 아침을 마치면 무거운 책가방에 질질 끌려 집을 나서지요. 몸을 움직이기도 힘든 지하철 속에서 누리는 진땀을 흘리며 목을 길게 뺍니다.

무료한 누리의 눈동자는 옆에 선 사람들이 들고 있는 무가지 신문에 꽂힙니다. 어제도, 그제도, 한 달 전에도 다루었던 비슷비슷한 기사들. 영화배우 ○○씨가 이혼했다는 기사, 행복한 부부의 섹스를 알려 준다는 광고 말고도 란제리, 휴대폰, 가방 광고까지……. 어느새 내려야 할 역에 도착한 누리는 철벽 같은 사람들을 비집고 겨우 지하철에서 내립니다.

학교 가는 길에는 반쯤 벗은 여인이 아슬아슬한 몸짓으로 누위 있는 영화 포스터가 붙어 있고, 누리는 힐끗거리며 홍보 문구를 읽다가 밝은 아침 햇살이 부끄러워 흠칫 머리를 흔들곤 학교를 향해 총총.

분주하게 하루를 보내고 뉘엿뉘엿 해가 지기 시작하자, 누리는 학교를 나섭니다. 등교 시간엔 죽은 듯 조용하던 거리가 이제야 살아나나 봅니다. 술집의 네온사인이 번쩍거리고 어디선가 들려오는 노랫소리가 누리의 귀를 파고듭니다. "한 여자로 태어나서 사랑받고 사는 게 이렇게 힘들고 어려운 줄 몰랐어." 애잔한 여자의 목소리가 라디오에서 나오는 소리인지, 노래방에서 흘러나오는 생음악인지 알 수 없습니다.

누리는 지하철에 올라 무심코 고개를 돌리다가 벽면 광고를 보고 화들짝 놀랍니다. 비키니 수영복 차림의 늘씬한 여자가 '당신도 이렇게 될 수 있다'며 다이어트 약품을 소개하고 있습니다. 집에 들어서니 텔레비전에서는 핫팬츠 차림의 늘씬한 아이돌 그룹의 현란한 춤 동작이 한창입니다. 책상 앞에 앉아 숙제하는 누리의 머릿속엔 자꾸 전철 속에서 본 광고가 떠오릅니다. '오늘 수업 시간에 성인 만화책을 돌려 보다 들킨 친구들이 교무실로 불려 갔는데 지금쯤은 집에 갔을까? 얼마나 혼났을까?' 문득 친구들이 보던 만화책의 내용이 궁금해진 누리는 고개를 세차게 흔듭니다.

우리는 누리의 하루 일과를 간단히 살펴보았습니다. 이런 누리의 모습은 여러분 모두의 모습이기도 합니다. 이제부터 우리가 매일 만나는 대중 매체 속 여성들의 모습이 우리에게 어떤 영향을 미치는지 살펴볼까요?

으, 야하다

짧은 문구와 영상으로 눈과 귀를 자극하는 광고는 어떤 방법으로든 소비자의 마음을 사로잡으려 합니다. 거의 벗다시피 한 여성 모델들을 등장시키는 것도 그런 이유지요. 등굣길 여기저기에 붙어 있는 영화 포스터의 적나라한 모습. 아예 "남자들은 보지 마세요"라고 말면서 호기심을 더욱 부추깁니다.

섹스 이미지는 사람의 눈길을 끄는 힘이 강합니다. 그러니 판매를 촉진하는 요소로 광고인들의 사랑을 받는 게 당연하겠지요. 어쩌면 인간을 소재로 한 다양한 것들 중 하나인 성性을 다룬다는 것은 지극히 자연스러운 일일 것입니다. 더구나 성을 수치스럽고 은밀한 것으로만 감추려고 들었던 유교 사회의 잔재가 아직도 뿌리 깊은 우리 사회에선 더욱 자연스러운 드러냄이 필요한지도 모르겠습니다.

그러나 문제는 여성의 성이 남성의 눈요기로 상품화된다는 것입니다. 굳이 여자가 등장하지 않아도 되는 상품 광고에 야한 옷차림의 여자를 등장시킵니다. 각종 주류나 자동차 광고를 떠올리면 쉽게 이해가 될 겁니다. 마치 '여기 소개되는 상품을 사시면 저 같은 여자의 이미지도 함께 사시는 거예요'라고 말하는 것 같지 않나요? 이러한 광고에서 여성은 존중받아야 할 인간이

아니라, 더 높은 이윤을 취하기 위한 도구로 이용되고 있습니다.

광고보다 더 노골적인 것은 영화나 외설 만화, 잡지들이지요.
여러분은 가끔씩 나른한 오후 수업 시간이면 "선생님, 졸려요.
영화 얘기 하나 해 주세요"라며 졸라 댄 기억들이 있을 것입니
다. "그래, 그럼 어떤 얘기 해 줄까?"라고 묻기라도 할라치면 여
기저기서 킥킥대며 "무조건 야한 영화요" "○○○이 벗고 나오는
영화요" 등을 주워섬기는 건 아주 흔한 일입니다.

"어린 것들은 모르는 여교수의 은밀한 매력" "이 남자와 …
하고 싶다!" 이런 광고 문구는 영화의 선정적인 측면만을 강조
합니다. 여성을 성적 대상으로 두는 시선은 폭력, 범죄 등과 결

합하여 점점 더 자극적으로 묘사됩니다. 각종 폭력 집단이 등장하여 이해가 어긋나면 마구 죽고 죽이는 살벌한 장면이 나올 때 여성은 남성들의 심심풀이 대상으로 그려집니다. 너무나 끔찍하게도 강간과 구타의 대상이 되기도 합니다.

어디 영화뿐입니까? 여러분이 몰래 보는 야동이나 포르노는 어떤가요? 그 속에서도 사람과 사람 사이의 따뜻한 정과 사회 질서의 기본적인 버팀목이 되는 도덕과 남녀 간의 순수한 사랑 따위는 찾기 힘듭니다. 많은 사람들이 자극적인 재미에 빠져 대중 매체가 뿜어내는 독에 중독되고, 서서히 마비되어 갑니다.

여자는 예쁘면 된다?

광고나 영화에 등장하는 대부분의 여성들은 흔히 '예쁘다' '멋지다' 라는 생각을 갖게 하지요. 또한 '섹시하다' 는 표현이 여성의 아름다움에 대한 칭찬으로 자리 잡고 있습니다. 하지만 여성들의 과도한 신체 노출은 보는 이들을 아찔하게 만듭니다. 나아가 우리는 이런 이미지들을 통해 '여자는 성적 매력이 있어야 한다' 는 생각을 가지게 됩니다.

여성 속옷 광고가 야하다고 말하면 이렇게 대답하는 사람이 있을 겁니다. "그러면 두세 겹씩 겉옷까지 모두 챙겨 입고 점잖은 목소리로 수줍어하며 '예쁜 속옷은 안에 입었어요' 라고 선전합니까?" 하지만 그 속옷 광고는 누구를 위한 것일까요? 그런 예쁜 속옷을 입은 여성이 남성에게 사랑을 받을 수 있다는 심리를 조장하고 있는 것은 아닐까요?

여성 잡지에 실린 수많은 광고들을 살펴보면, 피부 탄력 유지법이나 얼굴 화장법, 날씬한 몸매나 멋진 옷차림에 많은 지면을 할애하고 있습니다. 광고 뿐 아니라 기사를 통해서도 남성에게 잘 보이기 위한 태도나 대화술이 다양하게 소개됩니다. 이런 광고와 기사들은 여성이 자기 삶의 주인이 되어 살아가는 데는 관심이 없습니다. 남성에게 사랑받는 여성이 되는 구체적인 방법들을 소개하고 있을 뿐입니다. 하지만 이런 방법을 통해 행복해지는 사람은 정작 누구일까요? 내면의 아름다움에는 무관심하고 남자에게 잘 보이는 데만 급급한 여자를 만난 남자가 행복할 수 있을까요? 처음에는 겉으로 보이는 아름다움에 취할지 모르지만, 시간이 흐를수록 자신이 감당해야 하는 무게가 부담스러울 수 있습니다.

여러분들은 대부분 '뽀빠이'를 알고 있고 있을 겁니다. '슈퍼맨'이나 '배트맨', '스파이더 맨'도 알고 있겠지요. 이들은 모두 대단한 '힘'을 가지고 있습니다. 반면 이들이 사랑하는 여성 캐릭터들은 어떤 특징을 가지고 있나요? 그들은 눈에 띄게 아름다운 외모를 가지고 있습니다. 한눈에 '영웅의 여자'라는 것을 알 수 있지요. 하지만 이 여성들은 곤경에 처하면 어김없이 이렇게 외쳐 댑니다.

"뽀빠이, 살려 줘요!"

"슈퍼맨은 어디 있는 거지?"

우리는 대중 매체가 제시하는 남녀의 성에 따른 대비를 통해 하나의 결론을 얻게 됩니다. 남성에 비해 물리적인 힘을 가지지 못하고, 스스로 곤경에서 빠져나오지 못하는 여성은 남성의 사랑과 보호가 필요하며, 결국 안전하게 보호받기 위해서는 그의 사랑을 얻어 내야 한다는 겁니다. 그러기 위해서 끊임없이 '매력 가꾸기'를 해야 된다고 대중 매체는 끊임없이 여성들에게 요구하고 있지 않은가요.

노래와 드라마 속의 여성들

'아내에게 바치는 노래'를 알고 있나요? 한때 인기 절정에 오른 적이 있는 이 노래는 지금까지도 '아내를 위한다'는 명목으로 두루 불리고 있습니다. '당신'이라는 노래 또한 많은 인기를 누렸지요. '미안해요'라는 노래도 비슷합니다. 노래를 부르는 가수도, 노래를 부른 시대도 다르지만, 가사 내용은 모두 아내의 한없는 희생과 헌신에 감사한다는 것입니다.

이런 노래를 듣다 보면, 무심한 남편을 원망하지 않고 그저 묵묵히 뒷바라지하는 여성의 모습이 떠오릅니다. 흔히 현모양처라고 불리는 이 여성들은 아무리 힘들어도 불만을 토로하는 법이 없고, 내 삶도 중요하다고 주장하는 법이 없습니다.

텔레비전 드라마에서도 여성은 주로 집에서 식사 준비를 하거나 빨래, 청소를 하고, 남편은 직장에 다녀와서 신문을 보며 휴식을 취하는 장면이 자주 나옵니다. 이렇게 집안 식구들을 위해 희생하고 헌신했는데도 여성들은 오히려 비난을 당합니다. 바람난 남편이 오히려 큰소리치는 드라마, 본 적 있지요? 이런 대사는 제법 익숙할 겁니다.

"부스스한 머리에 후줄근한 옷차림을 하고, 냄새나는 걸레나 들고 다니는 마누라한테 무슨 매력을 느끼겠어? 밖에 나가면 날씬하고 세련된 아가씨들이 나를 왕처럼 대접해 준다는 거 몰라? 억울하면 몸매도 가꾸고, 화장도 예쁘게 하고, 남편 비위도 잘 맞춰 보라고!"

물론 대중 매체 속 여성이 한결같이 헌신적인 가정주부로만 나타나는 것은 아닙니다. 특히 오늘날엔 교육 수준이 높아짐에 따라 여성의 사회적 역할도 무척 다양해졌습니다. 그러다 보니 직장을 가진 주부가 집안일이나 자녀 교육의 문제로 남편과 갈등을 일으키는 이야기가 드라마나 잡지에서 다뤄지고 있긴 합니다만, 아직도 많은 대중 매체 속에서는 여성이 직장을 갖더라도 지난날 여성의 주된 역할이었던 가사 노동과 자녀 양육의 책임이 고스란히 여성의 몫으로 다뤄질 때가 많습니다.

맞벌이 부부라면 남편이 집안일을 하는 것은 당연한데도, 아내가 해야 할 일을 '도와주는 것' 쯤으로 여깁니다. 드라마의 한 장면을 떠올려 봅시다. 부부가 같이 퇴근을 해서 집에 와도 '얼른 저녁 준비할게'라고 말하는 것은 여성이지 않나요? 여기서 대중 매체는 여성이 직업을 가지려면 자기 일과 가정 일 모두를 멋지게 감당해 내는 슈퍼우먼이어야 함을 강요합니다. 결국 현대 여성에겐 과거보다 더 무거운 이중의 굴레가 씌워진 것이지요.

"그럴 거면 때려치워" "집에서 애나 잘 봐" "아이는 99% 엄마 책임이야"라고 외쳐 대는 드라마 속의 남편들은, 개인의 자아 성취를 중요하게 생각하는 이 땅의 여성에게 '내가 너무 지나치게 이기적이고 내 욕심만 챙기는 사람인가'를 자책하게 하고, 한숨 쉬게 합니다.

그러나 현실적으로 일하고 싶어 하는 여성을 좌절하게 만드는 것은 가정의 일에 능동적으로 함께하려 하지 않는 이기적인 남편들이며, 이를 당연하게 여기는 사회 구성원들입니다. 또한 여성의 사회 활동을 돕는 제도(탁아소나 여성 재교육 기관 등)가 정착되지 않은 사회에도 책임이 있습니다.

2009년 한국을 방문한 노르웨이 '가정 및 양성평등국'의 홀라 국장이 이런 말을 했더군요.

"문화, 정책, 편견 등 전반적인 상황을 보았을 때 한국 여성의 상황은 19세기의 노르웨이와 비슷했습니다."

《레몬트리》, 2010년 3월호

아무리 그래도 19세기라니 좀 과장된 이야기라고 반박하고 싶지만, 그럴 수 없는 것이 우리의 현실입니다. 디지털, IT 등의 분야에서는 세계 최첨단이라는 한국 사회가 유독 여성 문제에 관해서만은 이렇게 한참이나 뒤처진 이유가 무엇일까요? 한국의 대중 매체에 묻고 싶습니다.

여성들을 겨냥하는 광고 시장

우리는 대부분 상품의 정보를 텔레비전이나 신문 광고를 통해서 알게 됩니다. 즉 대중 매체를 통해서 많은 소비 활동이 이루어지는 것이지요. 그런데 대부분 가정에서 돈을 관리하거나 여러분에게 용돈을 주는 사람은 누구죠?

광고에 여성이 많이 등장하는 이유는 여성이 대부분의 소비를 담당하고 있기 때문입니다. 그 상품을 사야만 멋진 여자, 좋은 아내, 훌륭한 엄마가 된다고 말하는 광고, 그 상품을 가지는 순간 개성 넘치는 사람, 현명한 현대인이 될 것 같은 생각이 들게 하는 광고들. 여러분도 많이 접해 봤을 겁니다.

게다가 가정주부를 대상으로 하는 아침 텔레비전 프로그램이나 여성 잡지 등에서는 음식 만드는 법이나 패션, 미용, 육아, 인테리어 정보 등을 소개하거나 연예인들의 신변잡기를 시시콜콜 늘어놓는 것이 대부분입니다. 대중 매체가 여성에게 집안일과 외모 가꾸기에만 관심을 갖게 함으로써, 건전하고 비판력 있는 여성의 의식을 마비시키고, 능동적인 사회 참여를 막는 것이지요.

결국 사회 활동에 자신감을 잃은 여성들은 돈 잘 버는 남편을 만나 소비의 자유를 누리는 데 인생의 목표를 두게 됩니다. 남편의 경제력을 보고 여성의 성공 여부를 평가하기도 하는 것은 낯선 풍경이 아닙니다. 이렇게 '남성＝생산, 여성＝소비'라는 관념이 우리 의식 속에 고정될 때, 여성이 자기 삶의 주인이 되는 길은 점점 더 멀어집니다.

건강한 대중 매체와 함께 건강해지는 여성상

여러분은 아침마다 "너 어제 그 프로 봤니?"라는 질문으로 친구와의 대화를 시작하곤 합니다. 개그맨의 유행어나 가수들의 춤 동작을 흉내 내거나, 인기 드라마의 배우, 유명 아이돌 그룹의 패션이나 헤어스타일을 따라 합니다. 청소년들이 대중 매체에 얼마나 큰 영향을 받는지는 너무나 확연히 드러납니다.

어른들은 또 어떤가요? 텔레비전을 통해 뉴스 보도를 접하고, 인터넷을 통해 각종 포털 사이트의 뉴스를 접합니다. 해당 뉴스가 자세히 보도된 신문이나 잡지를 읽기도 합니다. 그런 뉴스들은 점심시간이나 회식 자리에서 주요 화제가 되지요. 하지만 그

런 뉴스들도 객관적인 정보라고 보기는 어렵습니다. 뉴스를 보도하는 사람들의 선택과 판단이 작용했으니까 말이지요.

이처럼 대중 매체는 우리가 옳고 그름을 판단할 틈도 없이 우리 생활에 깊숙이 파고들어서 우리를 울리고, 웃기고, 기다리게 하고, 열광하게 합니다. 그런데 이렇게 막강한 힘을 지닌 대중 매체 속에 나타나는 여성상은 실제와는 다른 모습입니다.

물론 대중 매체가 이런 불건강한 모습만 가지는 것은 아닙니다. 비뚤어진 여성의 모습을 진지하게 들춰 내기도 하고, 해결 방법을 새롭게 찾아보기도 합니다. 양성평등의 관점에서 여성의 일과 사랑과 성 문제를 다루는 잡지들이 나오기 시작하고, 현실의 벽에 용감하게 도전하는 여성이 등장하는 영화나 드라마로 인기를 얻습니다. 하지만 그릇된 여성의 이미지를 심는 데 비해 이런 노력들은 아직 너무나 미비합니다. 하지만 '여성은 이런 모습이어야 한다'며 그릇된 이미지를 뿌려 대는 관성에 비해 이를 전복시키려는 노력들은 아직 너무나 미비합니다.

언제까지 더 나아질 것이라고 기대만 할 수는 없습니다. 건강한 생각을 가진 많은 여성들이 신문이나 방송, 다양한 대중 매체를 만들어 가는 데 적극적으로 뛰어들어야겠습니다. 그래야 여성과 남성을 보는 시각이 왜곡된 대중 매체를 바로잡을 수 있지 않을까요? 또한 대중 매체 수용자들의 날카로운 비판력도 대중 매체의 질적 변화를 위해 무척 중요합니다. 최근 여러 사회 단체(종교 단체, 청소년 단체, 여성 단체)에서 대중 매체의 내용 개선을 위한 문화 운동이 활발히 전개되고 있습니다. 우리 개개인도 진

정한 인간 평등의 관점에서 새로운 여성과 남성의 역사를 만들
어 가기 위해 대중 매체에 관심을 갖고, 더욱 비판적인 시각으로
감시 운동(모니터 운동)을 전개해야겠습니다.

조은미_등원중 교사

남자는 '해라', 여자는 '해요'?

저는 외화 번역가의 꿈을 키우고 있는 중학교 3학년인 여학생입니다. 어릴 때부터 외국어와 영화에 관심이 많았던 저는 중학교에 입학 후 영상 번역 동아리에 들게 되었습니다. 저희 동아리에서는 실제로 자막이 없는 외화를 틀어 놓고 직접 번역을 하고, 그것을 상영하는 등의 활동을 하고 있습니다. 영상 번역을 잘하려면 외국어 공부는 물론이고, 실전처럼 영상을 틀어 놓고 번역해 보는 것이 최고의 공부라고 할 수 있겠지요. 저는 일주일에 적어도 두 편 정도는 외국 영화를 감상하려고 합니다. 주로 케이블 방송의 영화 채널에서 영화를 봅니다.

그런데 저는 영화 채널의 외화들을 보다가 한 가지 의문을 가지게 되었습니다. 외화 번역에서 남자는 주로 '~해라, ~했소.'와 같은 종결 어미를 사용합니다. 하지만 여자는 이와 반대로

'~해요, ~했어요.' 처럼 높임말을 사용하는 경우가 일반적입니다. 남자가 여자보다 지위가 높거나 나이가 많은 경우라면 크게 문제 될 것은 없겠지요. 하지만 제가 보기에는 작품 전반에 대한 이해가 없이 무조건적으로, 그리고 무의식적으로 이루어지고 있는 '남자 존대 – 여자 하대'의 구조입니다.

예를 들어 말씀 드릴게요. 역사물의 경우 여왕이나 귀족 여성이 자신보다 지위가 낮은 기사에게 존댓말을 사용하도록 번역된 경우를 볼 수 있습니다. 또한 소심한 캐릭터의 남자(나이가 적은 경우도 많습니다)가 짝사랑하는 여성과 이야기를 할 때에도 남자는 반말을 하고 여자는 존댓말을 하는 경우가 있습니다.

외국어는 우리나라처럼 존대와 하대의 구분이 분명하지 않을 뿐 아니라, 존대를 하는 대상이나 상황이 우리와는 다르다고 알 수 있습니다. 그렇다면 우리말로 옮기는 과정에서도 이런 특성을 감안해야 하지 않을까요? 제가 외화 번역가 된다면 '남자 존대 – 여자 하대'에 무조건 따르지는 않을 겁니다.

여러분들도 번역된 외화를 보다가 남성 존대 – 여성 하대 구조의 대화를 본 기억이 있나요? 어떤 작품들이 있었는지, 그런 작품을 접했을 때 기분이 어땠는지 자신의 경험을 떠올려 이야기해 봅시다. 그리고 왜 이런 식의 번역이 이뤄지는지를 생각해 봅시다.

사극 속 '여성 시대'

각자의 생활이 바쁜 가운데도 저희 가족들은 매일 밤마다 드라마를 보기 위해 모여 앉습니다. 저희 가족은 드라마 중에서도 특히 사극을 즐겨 봅니다. 역사 공부가 되는 것은 물론 많은 볼거리를 제공해 주기 때문이죠.

오래도록 사극을 즐겨 보신 저희 아빠께서는 최근 방영되는 사극들이 아주 마음에 든다고 말하십니다. 과거에는 사극들이 왕의 이야기를 중심으로 했다면, 이제는 다양한 사람들의 삶을 보여 주기 때문이라고 하십니다. 저도 아버지의 말씀에 공감합니다. 상인이나 의원, 더 나아가서는 의적까지. 사극이 다루는 인물의 범위가 넓어질수록 재미도 커져 갑니다. 하지만 저는 또 다른 이유에서 요즘 사극들이 아주 마음에 듭니다. 그것은 바로 여성들의 두드러진 활약 때문입니다.

사실 과거의 생활상을 다루는 사극에서 여성의 역할이 두드러지기란 쉬운 것이 아닙니다. 사극에서 여성들은 지아비를 섬기는 현모양처나, 가부장적인 환경에서 기를 펴고 살지 못하는 역할로 그려지기 십상이지요. 또는 여성의 역할이 두드러지는 작품이라 해도 장녹수나 정난정처럼 권력 지향적인 요부의 모습이 많았습니다.

그러나 최근 사극 속 여성들이 변화하고 있습니다. 역경을 딛고 뛰어난 의녀가 된 〈대장금〉이나 여형사 〈다모〉, 다재다능한 재능을 펼치는 〈황진이〉 등에서 여성 전문가의 모습을 접할 수 있는 것입니다. 나아가 직접 칼을 들고 전장에 나가 싸우는 여걸 〈천추태후〉나, 스스로 왕이 되고자 남성들을 이끄는 〈선덕여왕〉을 만나 볼 수 있게 되었습니다. 그들은 남성 못지않은 카리스마로 남성들을 이끄는가 하면, 특유의 통찰력과 소통 능력을 무기로 훌륭하게 극을 이끌어 나가는 것을 알 수 있습니다.

이런 사극의 추세 역시 여성의 지위가 높아지고 성 역할에 대한 고정 관념이 무너지는 현 사회의 모습을 반영하는 것이라고 할 수 있겠습니다. 앞으로 또 어떤 사극 속 여성들이 저를 즐겁게 해 줄지 기대가 됩니다. 또한 현실에서도 사극에서처럼 훌륭한 여성 지도자가 탄생하기를 바라고 있습니다.

요즈음은 사극뿐만 아니라 현대극 중에서도 여성의 지위가 향상된 작품들이 늘어나고 있습니다. 여러분이 본 드라마 중에서 기억에 남는 여성 캐릭터를 떠올려 함께 이야기 나눠 봅시다.

여자라면 꿈꾸라고?

한때 크게 유행한 냉장고 CF가 있다. 예쁘고 날씬한 여배우가 냉장고 옆에 서서는 냉장고를 쓰다듬으며 "여자라서 행복해요" 라고 말하는 광고. 나는 그 광고가 무척이나 불쾌했다. 여자의 행복이 고작 냉장고에서 비롯된다니……. 여자가 집안일에만 얽매여 그저 살림 잘하는 게 최고인 시대는 지났다. 여성의 사회 진출이 놀랄 일도 아닌 이때에, 냉장고 하나에 행복해지는 여자는 시대착오적이라고 생각했었다.

그런데 나는 최근 방영된 광고에서 또 한 번 실망해야 했다. 이번에도 역시 광고는 가전제품 광고였다. 에어컨도 냉장고도 세탁기도 벽 안으로 쏙쏙 들어가는 '빌트인 시스템' 제품의 광고였다. 물론 그것은 새롭고 편리한 제품들이라 누구라도 탐낼 만한 것들이었다. 그런데 문제는 여배우의 마지막 한마디였다.

"여자라면 꿈꾸세요."

그 말을 듣는 순간 예전에 "여자라서 행복해요" 광고를 볼 때와 같은, 아니 더 큰 불쾌함을 느꼈다. 여전히 여자의 행복이나 꿈은 가전제품을 통해 실현된단 말인가?

여자는 나이 든 백만장자를 좋아해?

시청자들의 빗발치는 항의에 의해 방영이 중단된 CF들을 아는지. 모 통신사의 광고 중 '백만장자와 섹시녀', '금도끼와 선녀' 편이 그것이었다. '백만장자와 섹시녀' 편은 여성이 젊고 잘생긴 백만장자보다 나이 든 백만장자를 더 좋아한다는 설정이 문제로 지적됐다. 또 '금도끼와 선녀' 편에서는 나무꾼이 쇠도끼를 던지자 선녀가 금도끼를 들고 나타나 다리를 들어 올려 각선미를 보여 주고 나무꾼이 탄성을 지른다. 이런 장면은 여성의 몸을 남성의 성적 유희거리로 전락시켰다는 것.

한국 여성 민우회는 앞선 두 편의 광고가 '여성의 몸을 성적 유희거리로 전락시키고 성장하는 어린이, 청소년들에게 왜곡된 가치관을 심어 줘 여성 혐오적 관념을 유포한다'고 주장하며 광고 시정을 요구하였고, 이것이 받아들여져 이 두 개의 광고는 결국 방송이 중단됐다.

나 역시 처음 이 광고들을 보며 재미는 느꼈지만, 어딘지 모르게 불편했는데 민우회의 지적을 보면서 무엇이 문제인지를 깨달았다. 시청자들의 흥미를 자극하고 눈길을 끌려는 데 머물지 말고 그것이 어떤 문제를 가지고 있는지 생각해 봤다면, 모두가 보고 웃을 수 있는 훌륭한 창작물이 나오지 않았을까?

차가 고장 나면 발을 동동 구르는 여자?

저의 아버지는 제가 아주 어릴 때부터 카센터를 운영하셨습니다. 저는 어릴 때부터 아버지 가게에 나가서 각종 공구들을 장난감 삼아 놀곤 했습니다. 아버지는 제게 비상시에 간단히 할 수 있는 차량 응급 처치 방법 등을 알려 주시곤 했지요. 덕분에 지금도 아버지 가게가 바쁠 때는 저도 가서 일손을 돕곤 합니다.

그래서였을까요? 얼마 전 TV 채널을 돌리던 저는 우연히 자동차 보험 광고를 보고 기분이 나빠졌습니다. 광고 속 여자 주인공은 길에 멈춰 선 자동차 앞에서 아무것도 하지 못한 채 발만 동동 구르다가 무엇인가 생각났다는 듯이 전화를 겁니다. 그러자 전화 한 통에 쏜살같이 달려온 보험 회사의 남자 직원이 '자기가 다 처리하겠다'고 말하고, 여성 운전자는 그제야 안심이라는 듯 환하게 웃는 광고였습니다.

어쩌면 이 광고가 자동차에 대해서 잘 모르는 대부분의 여성들에게는 당연하게 받아들여질지도 모르겠습니다. 하지만 저처럼 보통의 남자들보다 자동차에 대해 더 많이 알고 있는 여성도 분명히 존재하는데 말이죠.

요즈음은 중장비를 운전하는 여성이나 화장, 미용 분야에 종사하는 남성들처럼 기존의 성 역할 고정 관념을 깨는 경우도 어렵지 않게 볼 수 있지요. 이처럼 남성과 여성의 역할 구분이 점차 사라지고 있는 추세입니다. 이런 시대의 흐름 속에 위에서 말한 광고들은 시대착오적이라는 생각이 들었습니다.

광고를 보면서 동의할 수 없거나 불쾌한 기분이 들었던 적은 없나요? 〈본문 돋보기 2〉처럼 여성 차별적인 내용이 담긴 광고를 찾아보고, 모두가 공감할 수 있는 내용으로 다시 재구성해 봅시다.

빠돌이는 없는 거야?

○○년 ○○월 ○○일
민영이의 일기

오늘 나는 오빠와 심하게 다퉜다. 티브이를 보고 있는 나에게
오빠가 시비를 건 것이 화근이었다. 나는 가요프로그램에 나온
'우리 오빠들'의 무대를 보고 있었다. 오빠들의 무대는 언제나
좋지만 오늘따라 더 멋지고 근사했다. 나는 넋을 놓고 그 모습을
보고 있었다. 그때 내 곁에 다가온 오빠가 나에게 "으이고, 이
빠순아! 아예 텔레비전 속으로 들어가지 그러냐"라고 하는 게
아닌가.

나는 순간 너무 화가 났다. 좋은 표현도 많은데 오빠는 하필
속어처럼 쓰이는 빠순이라는 말을 사용하다니! 그래서 나는 오

빠에게 한마디 쏘아붙였다.

"오빠도 소녀 그룹 좋아하잖아! 그럼 오빠도 빠순이네!!"

그러자 오빠는 빠순이란 말은 남자 가수 쫓아다니는 여자애들이나 부르는 말이라며 나를 무시하고 방으로 들어갔다. 나는 생각할수록 화가 났다. 여자 그룹을 좋아하는 남학생들도 많은데 그들에게는 한 번도 '빠돌이'라고 말하는 것을 들어 보지 못했다.

인터넷이나 학생들 사이에서 쓰는 '빠순이'라는 신조어의 정확한 유래는 알지 못했지만 그 어감만으로도 충분히 비하의 의미가 담겨져 있다는 것을 알 수 있다. 어째서 여자들에게만 그러한 말을 쓰는 걸까? 왜 소녀들의 팬덤만 '빠순이'란 용어로 공격받아야 하는 걸까?

소녀들의 팬덤을 어리석은 것으로 취급하고 무시하는 그 말을 나는 참을 수가 없다.

인터넷에서 흔히 쓰이는 신조어 '빠순이'는 어디에서 유래된 말인지 조사해 보고, 소녀들의 팬덤 현상을 '빠순이'라고 부르는 것에 대해 어떻게 생각하는지 자신의 의견을 이야기해 봅시다. 또한 팬덤에서 남성과 여성의 차이가 있는지도 살펴 봅시다.

노래방에서 즐겁지 않은 이유

우리 가족은 아빠, 엄마, 큰 언니, 작은 언니, 그리고 저. 이렇게 다섯 식구가 사는 딸 부잣집입니다. 큰 언니와 작은 언니는 직장과 학교 때문에 떨어져 살지만 이렇게 주말이면 다 함께 모여 외식을 하기도 하고 즐거운 시간을 보냅니다. 오늘은 오랜만에 다섯 식구가 모여 외식을 하고 노래방에 갔습니다.

엄마, 아빠 – 남자는 배 여자는 항구
언제나 찾아오는 부두의 이별이 아쉬워 두 손을 꼭 잡았나
눈앞에 바다를 핑계로 헤어지나 남자는 배, 여자는 항구
보내 주는 사람은 말이 없는데 떠나가는 남자가 무슨 말을 해(중략)
하루하루 바다만 바라보다 눈물지으며 힘없이 돌아오네
남자는 남자는 다 모두가 그렇게 다
이별의 눈물 보이고 돌아서면 잊어버리는 남자는 다 그래

큰언니 – 여자이니까
사랑을 위해서라면 뭐든 다 할 수 있는
여자의 착한 본능을 이용하지는 말아 줘
한 여자로 태어나 사랑받고 사는 게
이렇게 힘들고 어려울 줄 몰랐어
너를 욕하면서도 많이 그리울 거야
사랑이 전부인 나는 여자이니까

작은언니 - 하늘땅 별땅

니가 마른 여잘 좋아한다 해서 힘든 다이어트 참아 왔는데

니가 긴 생머리를 좋아한다고 해서 여태껏 길러 왔는데(중략)

땅 끝 땅 끝도 하늘 별 끝 별 끝도 난 너를 따라갈 준비돼 있어

돌아와 가까운 곳에 그렇게 니가 원하던

너만을 위한 그런 여자 있잖아

　가족들이 부르는 노래 속의 여자들은 하나같이 여성을 나약
하고 수동적인 존재로 그리고 있습니다. 정말 여자들은 다 이런
걸까요? 내 차례가 오자 나는 무슨 노래를 불러야 할지 몰라 마
이크만 잡고 있었습니다.

　여러분도 이와 비슷한 경험이 있을 겁니다. 이런 경우 어떤 노래를
부르면 좋을까요? 경험을 바탕으로 이야기해 봅시다. 또 여러분이
대중가요를 만드는 작곡·작사가라고 생각하고 부르고 싶은 노래를
만들어 봅시다.

여자의 몸이 음식?

"춥지도 않나?"

늘씬늘씬한 여가수들이 핫팬츠 차림으로 춤추며 노래하는 텔레비전을 보며 나는 별생각 없이 그렇게 말했다.

"요즘 핫팬츠랑 미니스커트가 유행인 거 몰랐어? 누난 어떻게 된 여자가 남자인 나보다도 패션에 관심이 없어? 누나도 꿀벅지 만들어서 저런 옷 좀 입고 다녀 봐."

"꿀벅지는 또 뭐야?"

꿀단지는 알아도 꿀벅지란 말은 처음 들어 본 나는 인터넷으로 '꿀벅지'를 검색하다가 깜짝 놀랐다. 꿀벅지란 '꿀 같은 허벅지' 즉, '핥으면 꿀맛이 날 것 같은 허벅지'라는 의미였다. 꿀벅지의 연관 검색어에는 꿀벅지로 유명한 여자 연예인들의 이름과 꿀벅지 만드는 방법, 핫팬츠 예쁘게 입는 법 같은 것들이 나열되어 있었다.

아니, 여자의 몸이 무슨 음식인가? 허벅지를 핥다니! 이런 표현은 상상만 해도 소름 끼친다. 아무 생각 없이 지어 내는 이런 신조어가 나는 정말 싫다. 여자를 이 사회에서 일하고 생각하는 사람으로 보기보다는 오로지 남자의 선택만을 갈망하는 성적인 존재로만 보기 때문이다. 여성의 상품화를 부추기는 옷차림을 여과 없이 방송하고, 거기에서 비롯된 신조어를 무분별하게 만들어 사용하는 대중 매체가 가장 먼저 각성해야겠지만, 무조건 그것을 따라 하고 즐기는 일반인들도 큰 문제라고 생각한다.

따라하고 싶은 게 당연한 거 아니야?

저는 학원에서 초중고 아이들을 가르치고 있는 국어 교사입니다. 그런 저는 요즘 들어 부쩍 학원에서 만나는 학생들의 옷차림을 보며 놀라는 일이 많습니다. 그건 제가 그 또래 여자아이를 둔 부모의 입장이라 더욱 그렇겠지요.

하루는 고등반 여자아이들이 짧은 치마와 어깨가 훤히 드러나는 옷차림을 한 채 학원에 온 것을 보았습니다. 저는 너무 놀랐지만 요즘 아이들은 개성이 강해서 자신의 옷차림이나 외모 등을 지적하면 기분 나빠한다는 것을 알고 있었기에 조심스럽게 물어보았습니다.

"그런 옷은 학생이 입기엔 너무 짧지 않니?"

저에게 돌아온 대답은, "텔레비전에서는 저보다 더 어린 연예인도 이렇게 입는데요"라는 것이었습니다. 저는 당돌한 학생의 대답에 당황해서 별 대꾸를 하지 못한 채 돌아서야 했습니다. 그리고 그날 집에 돌아와 이제 막 고등학생이 된 제 딸아이와 요즘 아이들의 옷차림에 대해 이야기를 나눠 보았습니다.

"요즘 유행하는 짧은 치마 같은 거, 너도 입고 싶니?"

다른 아이들에 비해 멋 부리는 데에 관심이 없다고 생각했던 제 딸아이의 대답은 너무나도 의외였습니다.

"연예인 패션을 따라 하고 싶은 건 당연한 거 아냐?"

저는 텔레비전에 나오는 여성들의 옷차림을 아무 생각 없이 따라 하고 싶어 하는 아이들이 걱정스럽습니다. 텔레비전 속 여성들의 옷차림은 더 짧고 더 야하게 보여 줌으로써 여성을 상품화, 도구화 하는 측면이 강한데, 아직 어린 아이들은 그런 문제의식이 부족하니까 말이죠. 아무것도 모르고 그저 동경의 시선으로 그런 옷차림을 따라 하고 싶어 하고, 또 실제로 따라 하면서 여성의 상품화까지 당연하게 받아들일까 봐 정말 걱정됩니다.

여성의 상품화를 부추기는 신조어에는 어떤 것이 있을까요? 반대로 남성의 몸을 상품화한 신조어는 없는지 생각해 봅시다. 그리고 여성의 상품화를 부추기는 옷차림을 여과 없이 방송하는 대중 매체에 대한 자신의 의견을 이야기하고, 유행하는 옷차림을 따라 하는 10대들에 대해 (자신의 경험을 바탕으로) 함께 이야기를 나눠 봅시다.

3부
건강한 사랑은

1. 비뚤어진 성 인식을 바로잡는 길은

한국은 '강간의 왕국'인가

화성 연쇄 살인 사건을 다룬 영화 〈살인의 추억〉에서 주인공 박두만 형사가 외친 것처럼, 대한민국은 정말로 '강간의 왕국' 일까요?

법무연수원에서 발간한 '2009 범죄 백서'를 살펴봅시다. 2008년 한 해 동안 국내에서 일어난 강간 범죄 사건은 총 1만 5,094건이군요. 그러니까 하루 평균 41건, 35분에 1건씩의 강간 범죄가 발생하고 있다는 얘기지요. 이 수치만 해도 OECD 가입국 중 성범죄 발생률 1, 2위를 다투는데, 실상은 훨씬 더 심각하다고 합니다. '한국 여성의 전화'에 따르면 1년에 들어오는 600여 건의 강간 등 성폭력 상담 건수 중에 실제 경찰에 고소하는 경우는 10% 미만이라지요. 실제 피해가 상담으로 이어지는 경우가 극소수인데도 말입니다.

"성폭행의 경우 피해 여성들이 신고를 꺼리는 것을 감안할 때, 드러
나지 않고 은폐되는 경우가 훨씬 더 많아요. 친족, 애인 등 아는 사
이에서 발생하는 성폭행이 상담의 대부분을 차지하고요. 지인의 경
우에는 법적 조치를 취하지 않고 넘어가는 경우가 대부분입니다."

'한국 여성의 전화' 현장 활동가

"성범죄 신고율이 다른 나라에 비해서 낮은데도 불구하고 빈도가 그
만큼 높다는 것은 우리 사회가 성적으로 얼마나 병들었는지 보여 줍
니다. 심리학적으로도 여성을 남성의 소유물이나 쟁취의 대상으로
비하하면서 그것을 성폭력으로 풀어 가는 사례가 많습니다."

표창원_경찰대 범죄심리학과 교수

상황이 이럴진대, 우리가 어떻게 박 형사의 물음에 '아니오'
라고 답할 수 있을까요? 참담한 현실입니다.

여자가 꼬리를 치니까 그렇지?

혹시 밤늦게 집에 돌아오다 치한을 만나 혼비백산한 경험이
있나요? 정신없이 집으로 뛰어 들어가 부모님께 말씀드리면
위로를 받기는커녕, 늦게 돌아다녀 그렇다고 야단맞지는 않았
나요?

다른 범죄와 달리 성범죄는 여러 가지 특성을 가집니다. 전통

적으로 여성에게만 정절 의식을 강조해 온 우리 사회에서는 생명 위협과 가정 파탄을 불러오기도 하고요. 거의 모든 계층과 나이의 여성을 상대로 범죄라는 의식도 없이 행해지는 데다 가해자가 오히려 떳떳하고 피해자가 비난받는 기현상이 일어나기도 하는데요. 공정성을 추구해야 할 언론조차 예외가 아닙니다.

10여 년간 잔혹한 연쇄 성폭력을 저질러 온 이 모 씨(45)가 검거됐다. 현재까지 밝혀진 피해자만 80명이 넘는 이 사건은 혼자 사는 여성을 대상으로 이루어졌고 10여 년간 경찰의 수사망을 피해 왔다는 점에서 끔찍할 뿐만 아니라, 우리 사회가 가진 문제점에 대해 시사하는 바가 크다. 그러나 경찰 조사가 시작되고 신문과 방송들이 보여 준 사건 보도 태도는 이 사건의 무게를 간과하고 있는 듯이 보인다.

이 씨가 검거되고 "택시 기사로 일할 때 여성 승객을 태우고 길을 헤매자 '택시 기사가 길도 모르냐'고 무시를 해 첫 범행을 하게 되었다"는 진술이 알려지자, 각 신문과 방송들은 일제히 "무시하는 여성에 앙심 품고 첫 범행"과 같은 표제어로 이 사건을 보도했다.

지난 유영철 사건 때 "몸을 함부로 놀리는 여자들 때문에" 범행을 하게 되었다는 범인의 면피성 발언을 그대로 사건의 원인인 양 옮겨 적고 피해자 유발론을 유포했던 언론들의 행태가 그대로 반복되고 있다. 심지어 한국일보는 "택시 운전 때 여성 취객의 모멸이 성폭행, 연쇄 범행 불러"(2006년 1월 20일 자) 제하의 기사를 내보내기도 했다. 아예 이 씨의 파렴치한 범행이 "모멸감을 준 여성 취객" 탓이라고 노골적으로 말하고 있는 셈이다.

대전일보는 한 술 더 떠 "억눌린 열등감 폭발…… 죄의식 상실" - 심리학자가 본 '발바리' 라는 제하의 기사(2006년 1월 21일 자)에서 '전문가들' 의 입을 빌어 "여성들이 문을 잠그지 않고 잠을 자거나 낯선 사람을 쉽게 집 안으로 들어오게 하는 등 범행 기회를 제공한 것도 사건을 유발시킨 원인"이었다고 보도했다. 이 기사에선 '남성 중심의 사회에서 여성에게 무시당한 분풀이' '범인의 열등감' '약한 자에 대한 공격성' 등을 지적하는 다른 전문가들의 말은 실명으로 인용했으면서 '여성들이 범행 기회를 제공했다' 는 말만 유독 '전문가들은' 이라고 적고 있다.

여전히 다수의 언론들이 성폭력 사건을 왜곡된 시선으로 바라보고 있다는 사실이 드러난다. 수많은 여성들에게 끔찍한 고통을 준 극악한 범죄임에도 "발바리"와 같은 희화화된 용어를 받아서 사용하고, 사건의 원인을 피해 여성들에게 돌리는 듯한 무책임한 보도를 일삼는 속에서 피해 여성들에 대한 배려나 잔혹한 사건을 대하는 침통함은 찾을 수 없다.

〈아직도 '성폭력은 피해자 탓' 운운하나〉
여성주의 저널 《일다》, 2006년 1월 23일 자

여자가 남자를 무시하니까, 여자가 몸을 함부로 놀리니까, 여자가 꼬리를 치니까, 여자가 옷차림이 야하니까, 여자가 밤늦게 돌아다니니까, 여자가 문단속을 제대로 안 하니까, 여자가 술을 마시니까 등의 말들이 성폭행을 당하거나 당할 뻔했던 여성들이 듣는 비난의 소리입니다. 남자는 워낙 성욕이 강하고 충동적이라 그럴 수 있으니 여자들이 미리미리 피하고 조심해야 한다는 식이죠.

흔들리는 청소년 – 음란 동영상과 포르노 만화

우리 청소년에게로 범위를 좁혀 봅시다. 청소년 상담 기관에는 성 문제 상담이 가장 큰 비중을 차지하고 있다고 합니다. 또 상담 내용도 단순한 성 지식이나 호기심에서부터 직접적인 성 관계, 또 이로 인한 구체적인 문제들(임신, 성병 등)로 확대되고 있다는 것입니다. 상담 내용은 아주 다양하며 복잡합니다. 성 기관에 대한 문의, 성 용어 문의, 포경 수술, 성병, 성적 장애, 자위 행위를 함으로써 생기는 신체적·정신적 영향, 죄책감, 자위 횟수, 책자와 비디오를 통한 흥분이나 성욕 억제 방법에 대한 문의, 사창가 출입에 대한 문의, 성 관계를 통한 임신 가능성 여부, 임신 중절 수술에 대한 문의, 성병의 증상 및 치료 방법에 대한 문의 등 광범위한 상담이 이루어지고 있습니다.

한편으로는 이렇듯 구체적 성 지식이 결핍되어 있으면서도 한편으로는 음란한 포르노그래피에 무제한적으로 노출되어 있는 것이 우리 청소년의 현실입니다.

제 방에서 인터넷 강의를 듣는 척하면서 포르노 만화를 다운받아 보는데요. 솔직히 야동보다 더 화끈한 것도 많아요. 중독성이 있어서요. 시험 기간에도 끊지를 못하겠어요. 당연히 수업 시간에도 그 생각만 하죠. 여자아이들 볼 때 이상한 생각도 많이 하게 되고, 나쁜 줄은 알겠는데, 진짜 한 번 중독되고 나니까 끊지를 못하겠어요.

중2 청소년

박현이 서울시립청소년성문화센터 기획 부장은 "청소년들이 음란물을 자꾸 보다 보면 비정상적 성 행위가 오히려 정상으로 보이고 이는 곧 청소년 성폭행으로 이어질 가능성이 크다"고 지적했다.

실제 최근 성폭력 가해자로 형사 입건된 10대 청소년 수는 급증하고 있다. 경찰청에 따르면 10대 성폭력 가해자는 2005년 1,349명에서 2009년 2,934명으로 4년 새 2배 이상 증가했다. 최근 인천 지역에 사는 고교생 안 모 군(18)은 음란 동영상을 보고 길을 지나던 여성에게 문구용 칼을 휘두르다 경찰에 붙잡혔다. 안 군은 경찰 조사에서 "여성을 학대하는 음란물 동영상을 보고 따라 하고 싶은 충동을 느꼈다"고 밝혔다.

〈호기심? NO, 중독!… '야동' 보는 아동들〉
《동아일보》, 2010년 1월 28일 자

인터넷, 스마트폰 등의 디지털 미디어가 누구든 마음만 먹으면 음란 동영상에 접할 수 있도록 해 주는 이 시대, 우리 청소년의 약 70%는 스스로의 의지로 음란물을 찾고 청소년 10명 중 2명 정도는 음란물에 집착하는 '준 중독' 상태라고 합니다. 이러한 왜곡된 성 문화는 앞에서 살펴본 성범죄의 성행과 같은 뿌리에서 나온 현상입니다. 이제 그 원인이 무엇인지를 진지하게 고민해 볼 때입니다.

여자의 성은 수동적이고 남자의 성은 능동적인 것?

남녀는 성격과 능력과 주어진 역할이 다르다는 관념이 남녀 불평등의 사회 구조를 유지시킵니다(이 책에서 여러 번 이야기한 '성차별 이데올로기' 이죠). 남성은 적극적이고 사회 활동에 적합하며 충동적이고 공격적인 반면에 여성은 소극적이고 가정 생활에 적합하며 순종적이고 방어적이라는 고정 관념을 많은 사람이 가지고 있고, 어린이나 청소년들도 그렇게 교육받고 있습니다.

여성은 성에 대해 관심도 없어야 하는 반면에 남성은 강한 성욕을 표현해야 '남성답다'고 합니다. 성욕과 성 본능에서 남녀가 크게 다르다고 생각하게 만드는 겁니다. 그 결과는 성적으로 폭력적인 남성을 '남자니까 그럴 수 있다'라고 할 뿐만 아니라, 사랑 없는 성행위를 못 해 본 남자를 오히려 '숙맥'으로 취급합니다. 한편 여성은 남성이 이끄는 대로 따르는 것이 '여자답기' 때문에 강력히 저항하기도 어렵고, 심지어는 '사랑받는' 것으로 착각하기도 합니다.

성폭행을 정당화하는 논리로 남자의 성욕은 억제할 수 없는 것이라는 믿음이 있습니다. 또한 여자의 성은 수동적이고 남자의 성은 능동적인 것이라는 믿음도 있습니다. 그러나 성욕은 인간의 본능이며, 단지 그 표현 방식이 다를 뿐입니다. 그리고 그것은 사회적으로 만들어지는 것이지 여성 혹은 남성이라는 생물학적 조건에 의한 것은 아닙니다. 여자에겐 정절을 강조하고 남자에겐 참을 수 없는 성욕 운운하는 사회는 이러한 헛된 믿음을 퍼뜨리고 강화시킵니다. 더 나아가 성폭행을 조장하고 피해자를 정절을 잃은 여자로 낙인찍고 피해자에게 성폭행의 책임을 전가하기도 하지요. 여자가 조심하여 남자의 성욕을 자극하지 말아야 하는데 성폭행이 일어났으니 여자가 몸조심을 하지 않은 것이라는 논리지요. 그래서 성폭행범은 '남자의 혈기'에 대해 벌을 받으면 그만이지만 피해 여성은 부도덕한 여성, 여자의 생명같은 정절을 잃은 여성, 그래서 여성이 아닌 여성이라는 무거운 도덕적 비난을 지고 평생을 살게 됩니다.

한때 유행했던 오락 게임 중 '두더지 잡기'를 모르는 사람은 없겠죠? "안녕하세요? 때려 주세요"라든지 "아파요"라는 가냘픈 여성의 목소리를 들으며 사정없이 때리고 있는 남자들을 보면서 섬뜩한 심정이 된 사람이 한둘이 아닙니다.

여자에게서 돈이 나온다?

또 다른 중요한 원인은 성을 돈벌이의 최고 수단으로 여기는 우리 사회의 분위기입니다. 한 살이라도 더 어린 여자아이를 데려다 술 마시러 오는 남자들 옆에 앉혀 돈을 버는 사람이 있습니다. 비정상적이고 퇴폐적인 성관계를 보여 주는 음란 영상물이나 책을 대량으로 만들어 돈을 버는 사람이 있습니다. 어떤 이는 여성의 가치를 오직 '성'에만 둔 광고와 영화를 만들어 사람들의 호주머니를 노립니다.

여성들에게 자신의 가치를 날씬함이나 예쁜 얼굴 등과 같은 성적 매력을 통해 인정받도록 조장해서 관련 상품을 팔아먹는 사람들도 있습니다. 나이 대를 불문하고 여성들이 성형에 집착하도록 만든 결과, 성형 산업은 해가 갈수록 규모가 커져 갑니다. 성형의 종류가 많아지고, 시술법이 다양해질수록 주머니를 채우는 사람은 따로 있다는 것은 분명히 짚어야 할 부분입니다. 성형 부작용으로 인한 피해는 '아름다워지고 싶다'는 욕망을 가진 여성이 감당해야 할 몫으로 남겨집니다. 수술이 성공적으로 이뤄져 원하는 외모를 가졌다고 해도, 그것을 성공으로 볼 수는 없습니다. 보기 좋게 만들어진 여성의 몸을 성적으로 상품화해서 잇속을 채우는 사람들이 있으니까요.

올해 26세인 회사원 A씨는 연예인이 되겠다는 꿈을 이루기 위해 대학생 시절 세 차례나 연예 기획사에서 소위 '연습생' 생활을 했다. 여성 그룹 멤버가 되기 위해서다. 그런 그가 가장 거북하게 느꼈던 것은 성적性的 이미지 극대화를 원하는 기획사의 과도한 집착. "기획사에서는 7명 멤버 중 3명에게 '넌 무조건 남자들을 홀릴 수 있는 섹시 콘셉트로 가야 한다'고 강조했다"며 "그 3명이 당시 모두 미성년자였기 때문에 황당했다"고 말했다. "미국이나 일본의 선정적인 뮤직비디오를 보여 주면서 어린 아이들에게 기묘한 교태를 따라 하게 했어요. 봉춤 배우는 건 기본이었고요. 그게 그 친구들의 실생활에 영향을 미치기도 했죠." A씨는 결국 연예인 꿈을 접고 대학을 마친 후 취직했다.

선정성을 앞세워 대중의 눈길을 잡으려는 여성 그룹들의 행태에 대한 사회적 우려가 높아지는 가운데 멤버들 중 상당수가 미성년자라는 사실이 주변을 더욱 안쓰럽게 하고 있다. 사회에서 아직 독자적 판단을 하기에 부족하다고 받아들여지는 어린 아이들이 성적인 시각으로 소비되는 '상품'으로 조련되고 있기 때문이다.

〈소녀 벗기는 사회(2) – 중년 남성을 홀려라〉
《조선일보》, 2010년 1월 28일 자

위의 인용문처럼 한편으로는 성 상품화를 비판하는 듯하면서 자매지 스포츠 신문을 통해서는 끊임없이 성 상품화를 부추기는 것이 우리나라 대형 언론사의 현주소입니다. 스포츠 신문들은 성을 상품화하는 기사와 사진, 만화뿐만 아니라 인터넷 홈페이지의 성인 메뉴를 통해 성매매 업소를 광고하고 성 구매를 조장하는 콘텐츠를 공공연히 제공하고 있습니다.

그야말로 눈만 돌리면 무절제하고 자극적인 성에 관한 정보로 가득한 세상에서 우리 청소년들이 사랑과 성에 대해 올바른 인식을 하기란 정말 쉽지 않습니다.

입만 맞춰도 임신한다?

한편 체계적인 성교육이 이루어지지 않는 현실에서도 그 원인을 찾을 수 있습니다. 전통적으로 성에 대한 인식은 불결함,

죄의식, 부끄러움, 감추어야 할 것 등으로 인식되어 왔고 오늘날
의 어른들은 우리의 청소년에게 여전히 그러한 태도로 대함으로
써 성에 대한 것을 공개적으로 자연스럽게 가르치지 않고 있습
니다. 그 결과 청소년들은 음란 동영상이나 친구들 간에 근거 없
이 나도는 지식을 갖도록 방치되고 왜곡된 성 지식을 갖게 됩니
다. 청소년이 성 지식을 얻는 경로를 조사한 논문에 따르면, 친
구·선배가 37%, 컴퓨터·야동이 31%인 데 반해, 학교 교육은
15%, 부모는 단 2%에 불과하다는 것을 알 수 있습니다. 이런 상
황이다 보니 대부분의 중고생들이 성에 대하여 알 건 다 알면서
도(?) 정작 알아야 할 것은 제대로 알지 못할 수밖에요. 다음 글

들은 체계적인 성교육이 얼마나 필요한지 일깨워 주는 예들입니다.

"별별 책을 읽고 이상한 걸 보면서 잡다한 지식을 얻은 아이들이 실제로는 생식 기능의 정확한 명칭과 기능도 모르고 잡지에서나 읽었을 법한, 여러 남자와 성관계를 가지면 임신을 안 한다는 엉뚱한 이야기를 믿는 경우가 많아서 황당할 때가 있습니다."

중학교 교사

"성관계 후 임신하고 나서 몇 개월이 지나도록 모르는 경우도 있고 9개월이 되고서도 6개월로 계산하는 경우도 있습니다. 약으로 어떻게 할 수 없느냐고 질문하기도 하고 자위행위에 관한 속설로 괴로워하기도 합니다. 아직도 입만 맞추면 임신하는 게 아닌가 생각하는 학생도 있습니다."

중학교 교사

올바른 성 문화를 위하여

올바른 성 문화를 위해서 우선 성차별 문화 없애기, 돈을 최고로 아는 사회 풍토 바꾸기 등이 필요합니다. 이를 위해서 청소년들의 삶과 눈높이에 맞는 성교육도 진행되어야 할 것입니다. 하지만 마냥 이런 변화를 기다릴 수만은 없습니다. 우리 스스로

가 가지고 있는 편견을 바꾸고, 건강한 성 인식을 가지기 위해 노력할 필요가 있습니다.

내 몸은 나의 것이라는 사실, 머리카락 하나에서부터 발끝까지 누구도 함부로 할 수 없다는 생각을 가졌으면 합니다. 나의 가치는 다른 사람으로부터 인정받아야 생기는 것이 아니라, 당연히 존중받아야 하는 것입니다. 그러니 이를 존중하지 않는 상대를 만나거나 불유쾌한 상황이 발생했을 때는 내 자신의 가치를 지키기 위해 용감하게 맞서야 합니다.

2차 성징을 겪는 내 몸을 부끄러워하거나, 이에 대해 말하는 것을 터부로 여길 필요도 전혀 없습니다. 누구나 성장의 시기에 겪는 자연스러운 변화니까요. 생리통이 있을 때 머리가 아프다고 둘러대지 않고 내 몸의 상태에 대해서 분명하게 말하는 것도 당당한 권리 행사입니다. 내가 원하는 대상과 사랑할 권리, 원치 않는 사랑을 거부할 권리도 거듭 명심했으면 합니다. 일단 시작을 했으니 책임을 져야 한다는 마음으로 원하지 않는 관계를 끌어가는 것은 건강한 태도가 아닙니다. 서로 간에 분명하게 의사소통을 꾀하면서 욕구를 확인하고, 원하는 것과 원하지 않는 것의 경계를 분명히 해야 할 것입니다.

우리는 누구나 있는 그대로의 상태로 존중받고자 합니다. 타인으로부터 존중받고 싶은 만큼 타인을 존중해 주어야 합니다. 인간을 인격으로 대우하지 않고 도구처럼 취급하는 행태는 사람을 사물화하는 것입니다. 그 관계 역시 사물화되고 그렇게 하고 있는 사람 자신도 사물화됩니다. 그렇듯 메마른 땅에는 사랑이

자랄 수 없습니다.

　남녀 관계를 앞으로 어떻게 새롭게 가꾸어 나갈 것인지, 우리 사회가 지워 준 '여성적' '남성적' 편견과 고정 관념을 어떻게 바꾸어 나갈 것인지는 오늘의 젊은 세대, 바로 여러분이 짊어져야 할 중요한 과제입니다. 어느 한 성이 다른 한 성을 지배하고 이용하는 관계가 아니라, 서로 배려하는 파트너십으로 서로를 성장시키고 서로의 삶을 풍요롭게 가꾸어 나갈 수 있도록 도울 때, 우리는 사랑 없는 메마른 땅을 사랑이 넘치는 옥토로 가꿀 수 있을 것입니다.

이덕주_금천고 교사

참고 자료
〈35분에 1건씩 강간 발생… 한국은 '강간 왕국' 인가〉, 《한국일보》, 2010년 3월 18일 자
〈2008년 성폭력 가해자 청소년 155명을 대상으로 '성폭력 동기' 에 관한 설문조사〉, 연세대 의대 신의진 정신과 교수 연구팀

돼지야, 그만 먹어!

"돼지야, 그만 먹어! 그러니까 살이 찌지!"

머릿속에서 내가 나를 윽박지른다. 얼른 화장실로 뛰어가 목구멍에 손가락을 넣는다. 토하고 또 토하고. 거울 속에 비친, 눈물 콧물로 범벅이 된 내 얼굴은 비참하다 못해 불쌍하다.

주변 사람들은 날씬한데 왜 자꾸 다이어트를 하느냐고 묻는다. 사람들의 이목을 끌기에 충분한 거대한 몸, 100kg이 넘었던 예전 내 모습을 몰라서 그런 말을 하는 게 분명하다. 그때처럼 돌아가 '뚱돼지'라고 놀림받고 싶지 않다. 그런데도 먹음직스러운 음식들을 보면 참지 못하고 먹게 된다. 돼지처럼, 코끼리처럼, 하마처럼……. 그러다 문득 칼로리를 계산하고는 머릿속이 하얘져 또다시 화장실로 달려간다. 이렇게 지내다 보니 음식을 먹는 것 자체가 겁이 난다.

요즘 아이돌 그룹의 여가수들은 군살 없는 몸매를 유지하기 위해 하루 800Kcal만 먹는다고 한다. 이런 얘기를 들을 때마다 짜증과 함께 한숨이 나온다. 오늘 먹은 양의 음식들이 몸 안에서 거대한 살덩어리로 변할 거 같아서. 체중 미달이 되도록 살은 빠졌지만, 스트레스를 받아서 그런지 위염도 생기고 머리카락도 빠지고 변비도 생겼다. 피부는 말할 필요도 없이 안 좋아졌다. 나는 언제쯤 즐거운 식사 시간을 가질 수 있을까. 너무 힘들고 괴롭다.

내 별명은 네모돌이

내 턱은 유별나게 네모졌다. 어릴 적부터 친구들이 네모돌이라고 놀렸다. 예전엔 웃어 넘겼는데, 요즘엔 하루 종일 신경이 쓰인다. 왜냐면 주변 친구들은 V라인이라고 해서 달걀형 얼굴을 예쁘다고 생각하기 때문이다. 내가 봐도 각진 내 얼굴보다는 갸름한 얼굴이 예쁘다. 그래서인지 사람들의 시선이 더욱 네모난 내 턱을 향하는 것 같다. 머리카락을 길러 양쪽 턱의 모서리를 가리고 다녀도 내 턱이 도드라지는 듯한 기분은 사라지지 않는다. 자꾸 신경을 써서 그런지 날마다 턱이 조금씩 자라는 것 같은 생각까지 든다. 내 눈에도 미운 이 사각 턱을 누가 좋아해 줄까. 나는 남자 친구도 사귀지 못하고 사회 생활도 제대로 못 할 것만 같다.

어른이 되어 돈을 벌면 꼭 성형 수술을 할 거다. 힘들고 아픈 것쯤은 얼마든지 참을 수 있다. 남들은 예뻐지려고 수술을 하는데 난 예뻐지는 것까지는 바라지도 않는다. 아무도 내 턱에 신경을 안 썼으면 좋겠다. 부모님께 성형 수술 얘기를 꺼냈다가 혼이 났다. 연예인 할 것도 아닌데 무슨 성형 수술이냐고……. 부모님은 아무렇지도 않다고 말하시지만, 그 말은 절대로 위로가 되지 않는다. 고슴도치도 제 새끼를 예뻐하듯이 내게는 빈말로 들릴 뿐이다. 사각 턱 때문에 받는 스트레스를 떨쳐 버리고 싶은 내 바람이 꼭 이뤄지도록 끊임없이 부모님을 설득할 거다. 네모돌이를 벗어나는 길은 턱뼈를 깎는 것뿐이니까!

〈본문 돋보기 1〉에서처럼 여성이라면 자신의 외모에 대해 고민한 경험이 있을 것입니다. 성형 수술, 다이어트 등을 통해 예뻐지려는 여성들의 욕심이 끝없는 이유는 무엇일까요? 그리고 참된 미의 기준은 무엇이며, 우리는 어떤 미를 추구해야 할지 생각해 봅시다.

어른들은 몰라요

매우 엄한 우리 아빠. 항상 내게 여자는 여자다워야 한다고 강조하고, 이성 교제는 절대 안 된다고 말씀하신다. 그런데 얼마 전 나에게 남자 친구가 생겼다. 너무 좋았지만 가족 중 누구에게 도 말하지 않았다.

그러던 어느 날, 내가 자리를 잠깐 비운 사이 울린 핸드폰. 남 자 친구의 전화를 아빠가 받고 말았다. 아빠는 어느 학교에 다니 는 누구인지, 언제부터 만났는지, 둘이 만나서 무엇을 했는지를 물어보시더니, 어린 게 공부는 안 하고 딴짓을 한다며 엄청나게 화를 내셨다. 당장 헤어지지 않으면 가만두지 않겠다는 말도 잊 지 않으셨다. 결국 나는 남자 친구에게 헤어지자고 말했다. 그 애에게는 정말 미안했지만 거짓말을 하고 사귀다가 들킬까 봐 너무나 겁이 났다.

좋아하면 사귈 수도 있고 불건전하게 만나는 것도 아닌데, 학생이라는 이유만으로 이성 친구를 사귀지 말라는 건 억지이다. 어른들이 무조건 반대를 하니까 몰래 숨어서 사귀는 게 되는 것이다. 무슨 걱정을 하는지 알겠지만 남자 친구를 사귄다고 해서 어른들이 상상하는 그런 일이 생기는 건 아닌데. 어른들은 정말 우리들을 모른다.

고민이 있어요

저는 중학생이고 남자 친구는 고등학생이에요. 처음에는 그냥 아는 오빠 동생 사이였는데, 오빠가 고백을 하면서 사귀게 되었어요. 사귀다 보니 손도 잡고, 포옹도 하고, 사람들 없는 곳에선 키스도 했죠.

그러던 어느 날, 오빠네 집에 놀러 갔다가 넘지 말아야 할 그 일이 일어났어요. 제가 분명 싫다고 그랬는데, 오빠는 괜찮다는 말만 반복하고 멈추지 않았어요. 그날 이후로는 만나기만 하면 자꾸 제게 그런 행동을 요구해요. 너무 싫고 무서워요.

오빠랑 헤어지자니 그 일이 신경이 쓰여서 미치겠어요. 혹시나 그 일을 남들에게 알리면 어쩌죠? 부모님이 아시면 큰일인데…… 어떻게 해야 될지 모르겠어요.

win-win 전략

나는 남자 친구와 만난 지 2년이 조금 넘었다. 부모님들도 우리가 사귀는 것을 알고 계신다. 처음에는 걱정하셨지만, 교제를 시작한 후로 공부도 더 열심히 하고 예의 바른 모습을 보이자 흐뭇해하시는 눈치다.

우리는 시험 기간이면 같이 도서관에 가서 공부를 한다. 자리를 맡아 주기도 하고, 모르는 것이 있으면 서로 가르쳐 준다. 시험에 대한 정보도 공유한다. 좋아하는 사람과 같이 있어서 좋고, 공부도 잘돼서 좋고, 모든 것이 좋다.

나는 나보다 성적이 좋은 남자 친구에게 뒤처지기 싫어서 더욱 공부를 열심히 하고, 오로지 공부밖에 모르던 남자 친구는 내 덕분에 영화관에도 가고, 만화책도 본다. 지난주에는 장래 희망에 대해서 이야기를 하다가 같은 대학에 입학하자고 약속했다. 남자 친구와 함께 대학 캠퍼스를 거닐 생각을 하니 벌써부터 설렌다.

〈본문 돋보기 2〉를 읽고 이성 교제에 대해 자신이나 주변 친구들의 경험을 함께 이야기해 봅시다. 이성 교제를 통해 생겨날 수 있는 문제점이나 어려운 점이 무엇인지도 생각해 봅시다. 그리고 청소년들의 바람직한 이성 교제는 어떻게 이루어져야 할지 각자의 의견을 말해 봅시다.

우리들의 고민

"요즘 난 내 몸의 변화를 느끼고 있다. 신체가 발달하는 나에게는 여러 가지 어려움이 닥쳐왔다. 그렇기 때문에 성에 대한 얘기를 해 주는 언니가 있었으면 한다. 신문이나 텔레비전에서는 성폭행이나 유괴 사건을 접한다. 나는 그런 뉴스를 보면 온몸에 소름이 끼친다. 만약 내가 그런 일을 당할지도 모른다는 생각도 하게 된다. 중학생이 된 나에게 이런 고민이 생길 줄은 몰랐다."

"생리 때만 되면 미칠 지경이다. 의욕 상실! 온몸이 쑤시고 머리가 지끈지끈하다. 매달 꼬박꼬박 찾아오는 생리! 남자애들은 좋겠다. 하필이면 여자로 태어나 이 고생이람. 게다가 오늘은 체육 시간이 있네. 너무 끔찍해. 힘들어서 좀 쉬겠다고 말하면 핑계라고 오해받겠지?"

"여자애들은 한 달에 한 번 행사를 치른다고 한다. 엄마나 누나도 생리대를 꺼내다가 나에게 들킨 적이 있다. 그건 우리가 가끔 경험하는 몽정 같은 걸까? 궁금하다."

"지하철에서 노출이 심한 여자들을 보거나 텔레비전에서 야한 장면을 보면 나도 모르게 몸이 반응한다. 내 마음은 그렇지 않은데 그 순간에는 나도 어떻게 해야할지 모르겠다. 이런 고민은 누구에게 털어놔야 하지?"

너무 빨리 자라는 아이들

얼마 전 나는 인터넷 기사를 보고 비명을 질렀다. 해외 어학연수를 간 초등학생이 임신을 했다니! 같이 연수를 간 중학교 남학생과 호기심에 저지른 일이며, 그 아이를 낳아서 동생으로 호적에 올렸다는 사실은 너무나 충격적이었다. 예전이면 상상도할 수 없는 일이다.

올해 초등학교 3학년이 된 우리 딸도 얼마 전 생리를 시작했다. 목욕할 때보다 가슴도 제법 봉긋해진 것 같다. 학교에서 성교육을 하긴 하는 걸까? 성교육을 한다면 어떤 식으로 하는 걸까? 갑자기 우리 딸은 자신의 몸에 대해 얼마나 알고 있는지 궁금해졌다. 딸아이를 앉혀 놓고 이야기를 해 보고 싶지만, 어디서부터 어떻게 이야기를 해야 할지 막막하다.

청소년기가 되면 여성과 남성의 몸에는 변화가 일어납니다. 몸이 건강하게 성장하고 있다는 증거이지요. 하지만 빨라진 2차 성징으로 인해 부모와 아이들은 혼란을 겪기도 합니다. 이러한 변화를 어떻게 받아들이면 좋을지 의견을 나누어 봅시다.

사랑하는 동생 은지에게

지금 사귀는 남자 친구의 아이를 가졌다는 너의 메일을 보고 한참 동안 아무것도 할 수 없었어. 어떻게 그런 일이 벌어졌는지 궁금하지만 묻지 않을게. 언젠가 네가 편하게 말할 수 있을 때 이야기해 주길 바란다. 너는 지금 어떤 기분이 들까? 너무 많이 혼란스럽겠지? 우리 은지는 아직 중학생인데…….

너는 아직 부모님과 남자 친구에게는 말도 못 꺼냈다고 했지. 사촌 언니인 내게 너의 상황을 솔직하게 이야기해 줘서 얼마나 고마운지 몰라. 내가 해 줄 수 있는 게 뭐가 있을지 고민을 하다 가 얼마 전 읽은 책들이 생각났어. 아이를 가진 10대 청소년이 주인공인데 한 권은 우리나라 고등학생의 이야기이고, 다른 한 권은 외국 학생의 이야기야. 이 책들을 읽고 무언가를 선택하라 는 건 아니야. 소설과 현실은 많이 다르지만 책에서라도 너와 비슷한 고민을 하는 사람들을 보면 좋을 것 같아서.

네가 얼마나 당황하고 무섭고 힘들지 나로서는 상상이 잘 되지 않아. 하지만 이렇게 메일을 보낸 네 마음을 생각해서 나도 힘을 내 볼게. 무엇보다 나는 네가 혼자서 이 문제를 해결하려고 하지 않았으면 좋겠어. 너는 혼자가 아니라는 거 알고 있지?

언니랑 자주자주 연락하면서 우리가 어떤 선택을 할 수 있을지 찾아보자. 무슨 이야기든 언니에게는 솔직하게 해 주었으면 좋겠어. 너만 괜찮다면 이번 주말에 만나지 않을래? 메일도 좋지만 네 얼굴을 보고, 네 손을 잡아 주고 싶어. 그러니까 언니 답장을 보면 꼭 연락 주면 좋겠어. 그때까지 몸 건강히 지내길 바래.

※ 10대 임신을 다룬 작품들

쥐를 잡자, 임태희, 푸른책들, 2007

고등학교 1학년인 주홍이는 원치 않은 임신을 하고 배 속에 쥐가 들어 있다는 상상을 한다. 미혼모인 엄마는 주홍이의 임신 사실을 애써 외면하고, 담임선생님 역시 아무런 도움을 주지 못한다. 주홍이는 고민 끝에 결국 낙태 수술을 받고, 수술 후 혼자서 시골 외할머니 댁으로 내려간다. 거기서 주홍이는 또 하나의 커다란 결심을 한다. 자기 때문에 힘들어하는 엄마와, 엄마의 전철을 그대로 밟고 있는 자신을 미워하다가 지친 외할머니를 구원하겠다는 마음으로, 편지 한 통을 남긴 채 목숨을 끊고 만다.

이름 없는 너에게, 벌리 도허티, 장영희 옮김, 창비, 2004

진눈깨비가 내리던 1월의 어느 저녁, 헬렌은 단 한 번 크리스와 사랑을 나누었는데 임신을 하게 된다. 헬렌은 어느 날 갑자기 자기 몸 안에 들어와 버린 낯선 존재가 무섭고 싫기만 하고, 크리스는 이 일로 행여나 헬렌과의 관계가 어긋날까 봐 전전긍긍한다. 차가운 성격으로 묘한 거리감을 불러일으키는 엄마에게도, 무엇이든 털어놓는 가장 친한 친구 루슬린에게도 이 사실을 고백할 수 없는 헬렌은 도움을 청하지 못한 채 외로움 속에서 혼자서만 끙끙 앓는다. 아기의 존재를 받아들일 수 없어 망설이던 헬렌은 긴 고민 끝에 아기와 함께 하는 삶을 선택한다.

〈본문 돋보기 4〉는 최근 증가하고 있는 10대 임신 상황을 보여 주고 있습니다. 이런 상황에 처했을 때 현명한 방법이 무엇일지 이야기해 보고, 이와 같은 문제들을 해결하기 위해서는 어떤 노력이 필요할지 생각해 봅시다. 또 예화에 제시된 문학 작품을 읽고 '내가 만약 주인공이었다면' 어떤 선택을 했을지 토론해 봅시다.

오빠 지금 뭐하는 거야?

지난 추석, 평소와 다름없이 큰아버지 댁에 갔다. 너무 피곤
해서 이른 시간에 혼자 사촌 동생 방에서 잠이 들었다. 새벽에
이상한 느낌이 들어 깨어 보니 사촌 오빠가 내 몸을 만지고 있었
다. 너무 놀라서 소리조차 나오지 않았다. 어떻게 해야 할지 몰
라서 아무 말도 못 하고 몸을 뒤척이니까 오빠는 내가 깬 줄 알
고 손을 치웠다.

밤새 한숨도 못자고 일어나서 어떻게 해야 할까 고민을 하다
가, 사촌 오빠에게 말을 하기로 결심했다. 하지만 오빠는 오히려
왜 여자애가 아무 데서나 잠을 자냐고 내게 화를 냈다. 내 힘으
로는 안 될 것 같아서 엄마에게 도움을 청했다. 엄마는 큰어머니
와 이야기를 했는데 커 가는 아이들 사이에서는 있을 수 있는 일
이라고 결론을 지었다고 했다. 그리고 앞으로는 몸가짐에 좀 더

신경 쓰라며 내게 눈치를 주었다. 당연히 사촌 오빠를 따끔하게 혼내 줄 거라고 생각했는데 너무 화가 났다. 내게 잘못을 한 건 사촌 오빠이지 않는가?

친한 친구들에게 이 일을 이야기 했더니 비슷한 경험을 한 친구들이 몇몇 있었다. 하지만 모두들 아무런 이야기도 하지 못하고 그냥 넘어갔다고 했다. 사촌 오빠에게 항의를 한 것이 대단하다는 친구도 있었고, 말해 봤자 소용없다는 친구도 있었다. 정말 방법이 없는 걸까? 나는 정말 사촌 오빠가 잘못했다고 생각하고, 다시는 이런 일이 없었으면 좋겠다.

체육이 무서워

저는 체육 시간을 제일 좋아합니다. 무엇보다도 교실에서 벗어나 운동장에서 신나게 뛰어놀 수 있다는 것이 좋아요. 그런데 요즘 들어 체육 시간이 점점 싫어집니다. 왜냐하면 요즘 뜀틀을 배우고 있는데 제가 뜀틀을 잘 못 넘거든요. 하지만 체육 시간이 더 싫어지는 건 바로 체육 선생님 때문이에요.

선생님이 옆에서 뜀틀을 잘 못 넘는 학생들을 도와서 넘겨 주시는데, 선생님께서는 도와주시는 거라고 하시지만 그 와중에 선생님의 손이 가슴 부근이나 엉덩이 쪽에 닿아 불쾌합니다. 저도 뜀틀을 잘 못하는 학생 중 하나라 선생님이 옆에서 도와주셨는데 선생님 손이 속옷 부분에 닿아서 놀랐습니다. 다른 한 친구는 가슴 근처에 손이 닿았다고 했습니다. 다들 불편해했지만 나서서 선생님께 말하기 어려워했습니다. 선생님이 일부러 그러시는 건 아니겠죠? 그렇다면 앞으로는 여학생들에게 조금 더 조심해 주셨으면 좋겠어요.

"딸이 이런 일을 당해도 그러실 건가요?"

학원 수업을 마치고 집으로 가는 버스를 탔다. 너무 피곤해서 깜빡 잠이 들었는데 커다란 여자 목소리에 잠이 깼다.

"그만 좀 만지시라고요!"

"무슨 소리야? 내가 언제 그랬다고 그래?"

"몇 번이나 뿌리쳤잖아요. 기사 아저씨, 경찰서로 당장 가 주세요!"

그러자 몇몇 남자 어른들이 여자를 향해 소리를 질렀다.

"바쁜 사람들은 어쩌라고 차를 돌려."

"아가씨, 되게 별나게 구네. 증거 있어?"

그러자 피해를 주장하던 여자분이 이렇게 말했다.

"아저씨들 딸이 이런 일을 당해도 그렇게 말씀하실 건가요?"

버스 안이 조용해졌다. 그 모습을 지켜보던 버스 기사 아저씨는 경찰에 신고 전화를 하시고, 길가에 버스를 세웠다. 그런데 버스를 세운 지 한참이 지나도 아무런 소식이 없자 '다른 차로 갈아타게 해 달라' '경찰서에 다시 전화해 봐라' 라는 승객들의 항의가 높아졌다. 점점 성추행범을 고발한 여자를 원망하는 목소리가 많아졌다.

그때 후행 버스가 다가왔고, 사람들은 뒤차로 갈아타겠다고 아우성을 쳤다. 버스 문이 열리자 사람들이 우르르 내렸다. 그 순간 성추행을 한 남자가 사람들을 헤집고 뛰기 시작했다. 버스 기사 아저씨와 몇몇 사람이 남자를 뒤쫓아 갔다.

잠시 후에 멀리서 버스 기사 아저씨 혼자 걸어왔다. 너무 빨라서 놓쳤다고 했다. 미안해하는 아저씨에게 여자 분은 고맙다고 했다.

"아니예요. 예전에도 이런 일이 있었는데 그땐 머뭇거리다가 지나갔어요. 근데 이번에는 그럴 수 없더라고요."

아저씨도 여자분 또래의 딸이 있는 걸까? 아니면 내 또래의 딸이 있는 걸까? 성추행범은 놓쳤지만 용기 있게 말하던 여자분의 목소리는 집에 가는 내내 귓가에 맴돌았다.

우리 주변에는 여러 형태의 성폭력이 일어나고 있습니다. 조사에 의하면 어떤 여성이든 살아가면서 최소한 한 가지 이상의 성폭력을 당한다고 합니다. 여기서 말하는 성폭력은 여성을 희롱하는 말투나 치근거림, 여성의 몸을 치거나 더듬고 지나가는 행위까지 포함됩니다. 〈본문 돋보기 5〉를 읽고 성폭력으로 의심되는 상황들을 이야기해 보고, 그때 어떤 기분이 들지에 대해 봅시다. 또한 성폭력을 당했을 때 어떤 방식으로 대처하면 좋을지 토론해 봅시다.

★성폭력 생존자 말하기 대회를 아시나요?

| 성폭력 피해자를 '생존자' 라 새롭게 부르는 이유?

성폭력 피해자를 수동적이고 나약한 대상으로 바라보는 경우가 많습니다. 실제로 성폭력은 치유·극복하기 힘든 폭력입니다. 하지만 수많은 피해 당사자들이 피해자로 남겨지는 대신, 자신이 직면한 삶의 문제에 예민하게 반응하며 적극적으로 자신의 삶을 꾸려 가고 있습니다. 생존자라는 명칭은 폭력과 상처를 극복하는 주체적인 존재로서의 그/그녀들을 지지하고, 그들의 삶을 있는 그대로 바라보기 위한 것입니다.

| 성폭력 생존자 말하기 대회는?

자신의 상처를 자신의 경험을 공유할 수 있는 사람들에게 말하는 것은 적극적인 치유법입니다. 성폭력 생존자 말하기 대회는 성폭력 피해 생존자들이 자신의 피해 경험을 공유하고, 지지·격려를 주고받는 집단적 치유의 장입니다. 성폭력 생존자 말하기 대회는 언어적 표현(말하기, 시 낭독) 등은 물론, 예술적, 문화적 표현(퍼포먼스, 연극, 음악 등)을 모두 포함하고 있어, 집단 상담이나 예술 치료의 영역이 결합된 문화적 치유의 장이기도 합니다.

또한 성폭력 생존자 말하기 대회는 피해자뿐만 아니라 피해자 주변인(가족, 친구, 사건 지원자), 성폭력 관련 상담원, 교사, 일반인 등이 폭넓게 참여해 성폭력 피해와 생존자에 대한 이해를 높이고, 함께 권리와 문제 해결의 방법을 찾는 적극적인 모색의 자리이기도 합니다.

| 성폭력 생존자 말하기 대회는 2003년부터 시작돼 올해(2010년)로 일곱 번째를 맞이합니다. 성폭력 생존자 말하기 대회 홈페이지 〈온라인 말하기〉 게시판에서는 자신의 경험을 말하는 것은 물론, 가해자의 나쁜 짓을 고발하거나 치유 편지 쓰기 등이 가능합니다.

〈출처〉'성폭력 생존자 말하기 대회' 홈페이지 http://sisters.or.kr/speakout 에 소개된 내용을 정리한 것입니다.

천대받지 않으며 살고 싶다

내가 스무 살 되던(1941년) 음력 2월이었다. 내가 살던 마을의
일본인 반장의 부인이 동네를 돌아다니면서 "일본의 군수 공장
에 3년 계약으로 일하러 가면 큰돈을 벌 수 있다. 한 집에 적어
도 한 명은 가야 한다"고 은근히 협박했다.

우리 동네에서는 2명이 갔다. 떠나는 날 함흥역에 나가 보니
여자들이 20명쯤 되었다. 나이는 대개 열대여섯 살로 내가 가장
많은 편이었다. 역에서 50대의 조선 남자가 우리 일행을 인솔해
서 일본인 군인에게 넘겼다. 그 군인은 우리를 군용 열차에 태웠
다. 기차 한 칸에 여자들이 50명 정도 탔고, 다른 칸에도 여자들
이 있었던 것 같다. 기차는 칸마다 헌병이 지키고 있었고 창은
검은 기름종이로 덮여 밖을 볼 수 없었다. 하루 두 번씩 주먹밥
과 물을 같이 주었다. 이삼 일쯤 갔다고 생각되었을 때 기차가

멈췄다. 길림역이라고 했다. 거기서 광목 보따리를 부둥켜안은 여자들을 트럭에 나누어 싣고 한나절을 달려갔다.

트럭이 우리를 내려놓은 곳은 첩첩이 군대 막사만 보이는 넓은 군부대 안이었다. 나는 '이 안에서 군인들 식사나 빨래를 해주나 보다'라고 생각했다. 다음 날 군인들이 와서 한 명씩 데리고 나갔다. 나도 끌려서 장교 방으로 갔다. 장교는 반항하며 손길을 뿌리치는 내 양쪽 빰을 후려갈겼다. 빌면서 살려 달라고 하니까 하라는 대로 하라고 했다. 죽어도 못 한다니까 옷을 찢었다. 나는 속옷 바람으로 무릎을 꿇고 애원했다. 그는 땋은 머리를 잡아 나를 일으켜 세우더니 칼로 속옷을 찢었다. 나는 놀라 기절하고 말았다.

얼마쯤 후에 깨어나니 장교는 저쪽에서 옷을 입고 있었다. 졸병이 다시 나를 데려갔다. 나는 치마를 두르고 울며 따라갔다. 아파서 걸음도 제대로 걸을 수가 없었다. 보름 정도를 장교들에게 하루에도 서너 번씩 불려 갔다. 처음 온 여자들은 처녀라고 얼마 동안은 장교들만 상대했다. 보름쯤 후에 위안소로 가게 되었다. 위안소는 나무로 지은 임시 건물 같은 것으로 널빤지로 칸을 막아 5, 6개씩 방을 만들어 놓았다. 3, 4개의 건물이 줄지어 있었다. 방은 혼자 누우면 알맞은 크기로 판자 위에 담요를 깔아 놓고 사람 한 명이 지나갈 수 있는 정도였다. 잠자리는 추워 죽을 지경이었고, 된장, 간장도 없이 하루 밥 두세 덩이에 소금국을 끓여 먹기 일쑤였다.

하루에 상대한 군인 수는 3~40명쯤이었으나 휴일에는 팬티만

입은 군인들이 밖에 줄을 서 있을 정도로 많았다. 여자들은 1년만 있으면 성한 사람이 없었다. 대개 임신을 두세 번 하고 병도 많이 걸렸다. 병이 심하면 다른 방으로 격리하고 변소도 따로 쓰도록 하다가 나아지면 다시 데려왔다. 이렇게 두 번까지 치료하다가 세 번째 재발하면 군인이 와서 데리고 나가는데 다시 돌아오지 않았다. 매일 얻어맞는 게 일이었다. 하도 맞아서 지금도 귀가 멍해지며 안 들릴 때가 있다. 엉덩이에는 강한 자석을 붙이고 살았다. 목욕하느라고 그것을 떼어 놓으면 5, 6시간 후 부어올라 앉을 수가 없을 지경이었다.

여자들 중에는 조선에서 학교를 다니다가 방학이 되어 중국의 친척집에 놀러 왔다가 길거리에서 군인에게 붙잡혀 온 사람도 있었다. 내가 있던 숙소의 여자들은 모두 조선 사람이었고 중국 사람은 한 명뿐이었다. 나처럼 군수 공장에 가는 줄 알고 속아서 온 사람이 대부분이었다.

해방 이후 나는 해장국집, 태창 방직 공장에서 일했다. 그동안 미군 부대에서 얻어 온 페니실린 주사를 맞으며 성병을 고쳤다. 그 후로도 10년쯤 착실히 약을 먹고서야 성병을 완전히 고쳤다. 지금은 신림동에서 조그만 식당을 경영한다. 근근이 꾸려가지만 여러 가지로 힘들다. 커피를 하루 5~6잔씩 마시지 않으면 정신을 못 차린다. 무릎도 많이 아프다. 자궁을 들어내는 수술도 했다. 앞으로 어떻게 하면 천대받지 않고 아프지 않게 살다가 죽을 수 있을지 걱정이다.

《여성신문》에 실린 황금주 할머니 이야기

일제 시대에 우리나라 여성들은 일본군 성노예로, 남자는 전쟁터로, 애국자는 감옥으로 보내졌습니다. 특히 일본군 성노예는 약소국이 당해야 했던 처절한 성폭력의 현장이었습니다. 일본군에 끌려가 처참하게 능욕을 당했지만 꿋꿋이 살아남은 일본군 성노예 할머니의 이야기를 읽고 느낀 점을 이야기해 봅시다.

★ 황금주 위안부 할머니 박물관 건립 위해 전 재산 내놔

일본군 '위안부' 피해자 황금주(85) 할머니가 평생 모은 돈 8,000만 원을 '전쟁과여성인권박물관' 건립에 써 달라며 내놨다.

황 할머니는 16일 서울 세종문화회관 세종홀에서 열린 전쟁과여성인권박물관 건립위원회 발족식에서 박물관 건립에 힘을 보태고 싶다며 이 같은 뜻을 밝혔다. 지난해 박물관 건립 추진 초기 2,000만 원을 냈던 그는 "박물관 건립을 앞당기고 싶어서" 나머지 돈도 모두 내놓았다고 한다.

황해도가 고향인 황 할머니는 19살 때 일본군 '위안부'로 끌려가 만주 등지에서 생활하다 해방 뒤 4개월을 걸어 고국으로 돌아왔다. 한국전쟁 때 고아 5명을 거둬 길러 뒤에 결혼까지 시켰다. 젊은 시절 식당을 열어 생계를 꾸려 왔다는 할머니는 "평생 술과 담배를 하지 않고 항아리에 매일 모은 것이 올해 1억이 됐다"고 했다.

또 "평생을 억울하게 살아왔지만 박물관이 건립되면 두 다리 쭉 뻗고 살겠다"면서 "죽어서는 망향의 동산에 묻힌 김학순(91년 우리나라 최초로 일본군 '위안부' 실상 증언) 옆에 묻히고 싶다"고 밝혔다.

박물관 건립위원회 쪽은 이날 발족식을 시작으로 적극적인 모금 활동과 건립 준비를 해 나갈 계획이다.

《한겨레》, 2003년 12월 16일 자

한국여성인권진흥원에 물어보았습니다.

질문_한국여성인권진흥원은 여성 인권 향상을 위한 다양한 활동하는
　　　가운데 특히 성매매 방지와 예방에 힘을 쏟고 있는 것으로 알고
　　　있습니다. 여성 인권을 보장하기 위해 성매매가 방지되어야 하는
　　　이유에 대해 알고 싶습니다.

답변_여성을 사물처럼 구매할 수 있다면 이는 여성에 대한 대상화이
　　　고, 모든 여성들에 대한 대상화를 심화시키는 것이며, 모든 여성
　　　들을 대상으로 간주하도록 장려하는 행위이다. 모든 여성이 자유
　　　로울 때까지 아무도 자유로울 수 없다.

　　　　〈여성과 인권〉 2009-2호, 특별 기고(리 레이크만), 한국여성인권진흥원

　　　성매매에서 제공되는 성적 서비스는 거의 대부분 폭력적이고 모

욕적이고 가학적인 성행위들입니다. 다수의 연구 결과에서 성매매 여성의 90% 이상이 신체적 폭행, 성폭행, 위협 등을 경험한 것으로 나타났으며, 성매매 여성이 경험하는 정서적·심리적 트라우마(외상 및 충격으로 인한 스트레스 장애)가 매우 심각한 것으로 드러났습니다. 또한 여성들이 쉽게 돈을 벌 것이라는 통념과 달리 각종 이자, 벌금 등 온갖 형태의 채무가 증가하고 그 빚을 갚기 위해 성매매를 지속하게 되는 상황에 몰리게 됩니다.

질문_ 성매매 근절의 가장 큰 걸림돌은 무엇일까요? 그 문제를 해결하기 위해서 어떤 노력이 필요한지 궁금합니다.

답변_ 성매매는 성적으로 착취할 수 있는 여성과 소녀들을 사려는 남성들의 수요가 근본 원인입니다. 그러한 수요가 없다면 여성과 소녀들을 공급할 필요가 없으며 시장은 붕괴할 것입니다.
성매매와 성 산업은 남성의 성욕이란 여성과 아동을 돈을 매개로 공급해서라도 반드시 충족시켜야 한다는 잘못된 생각을 조장합니다. 이로써 강간과 성 착취의 합법적 대상이 될 여성 집단이 창출됩니다.

〈성매매와 인신매매의 연관 관계에 관한 보고서〉
한국여성인권진흥원, 2006

질문_ '성매매방지법'이 제정된 후 달라진 점이 있다면 어떤 것인가요? 여전히 남아 있는 한계와 앞으로의 개선 방향이 있다면 어떤 것인지 알려 주세요.

답변_ 지난 2004년 시행된 성매매방지법은 〈성매매알선 등 행위의 처벌에 관한 법률〉과 〈성매매방지 및 피해자보호 등에 관한 법률〉을 통칭하여 일컫습니다.

〈성매매알선 등 행위의 처벌에 관한 법률〉은 성매매 알선 행위 및 성매매 목적의 인신매매를 근절하고, 성매매 피해자의 인권을 보호함을 목적으로 성매매 업주에 대한 강력한 처벌과 성산업 축소 및 성매매 피해자의 인권 보호를 주요한 목표로 하고 있습니다. 〈성매매방지 및 피해자보호 등에 관한 법률〉은 성매매 방지 및 피해자 보호와 자립의 지원을 목적으로 합니다.

성매매방지법 시행으로 성매매 집결지 축소, 탈성매매 여성의 자활 등 다양한 성과를 이루어 가고 있으며 국민들 사이에서 성매매가 여성의 인권을 침해하는 사회적 범죄라는 공감대도 점점 확대되고 있습니다. 국제적으로도 성매매 및 성 착취 인신매매 방지를 위한 모범 사례로 인정받고 있습니다. 그러나 성매매방지법은 피해자 보호 측면이 알선 업자나 업주, 성 구매자에 대한 처벌보다 훨씬 잘 집행되었다고 평가되고 있습니다.

성매매 사범에 대한 사법 처리 대상자의 구성을 보면 업주 및 성 구매자(약 37%)에 반해 오히려 성매매 여성(약 44%)이 더 많은 비율을 차지하고 있으며, 단속 과정에서 성매매 여성에 대한 보호와 지원이 연계되지 않는 문제가 제기되고 있다. 게다가 업주, 성 구매자에 대한 구속률과 기소율은 감소하는 추세이다. 이는 성매매방지법의 목적에 부합하는 법 집행이 이루어지고 있는가에 대한 점검과 평가가 필요함을 보여 줍니다.

질문_청소년들이 성매매에 대해 어떻게 생각해야 할까요? 지금 성매매의 유혹에 빠지는 청소년(피해자, 가해자 모두)들에게 적극적인 조언 부탁드립니다.

답변_청소년 성매매와 성인 여성 성매매가 분리될 수 있는 것은 아닙니다. 전 세계적으로 여성들이 성매매에 유입되는 평균 나이는 14세이며, 청소년 성매매가 성인 성매매로 이어지게 됩니다.

인터넷 등을 통해 증가하고 있는 청소년 성매매의 근본 원인 역시 성적으로 이용할 소녀들을 사려는 남성들의 수요입니다. 또한 가부장적 성 문화, 물질 만능주의, 소비 조장 문화, 무한 경쟁 등 다양한 요인들의 작용으로 사회 경제적·개인적 조건이 취약한 청소년들이 성매매 피해자가 되고 있습니다.

청소년 성매매의 사회 문화적 배경과 원인을 좀 더 세밀하게 분석하고 실질적 대안을 만들어 가야 합니다. 청소년 누구나가 희망적으로 자기 주도적 삶을 만들어 갈 수 있는 권리를 누릴 때 우리 사회의 건강한 미래도 가능할 것입니다.

★한국여성인권진흥원 http://www.stop.or.kr
한국여성인권진흥원은 여성부 지원으로 성매매 방지 및 여성 인권 향상을 위한 사업을 실시하는 기관이다. 성매매를 비롯해 우리 사회에 존재하는 여성에 대한 폭력을 근절하여 성 평등과 개인의 존엄과 가치가 보호되는 사회를 실현하고자 현장 활동 지원, 교육, 이론 개발, 정책 및 이슈 개발, 대 국민 홍보 등을 수행하고 있다.

2. 건강한 사랑을 가꾸는 길은

깨뜨려야 할 비뚤어진 사랑의 신화들

고대 희랍의 문필가 크세노폰은 이렇게 말했습니다.

"사랑은 이상한 안경을 쓰고 있다. 구리를 황금으로 보이게 하고 가난한 것을 풍성하게 보이게 하는 안경을 쓰고 있다."

사랑은 분명히 인간을 맹목적으로 만듭니다. 사랑의 안경을 쓰고 보면 평범한 갑순이도 한없이 아름다운 천사로 보이고 그저 그런 갑돌이도 이상적인 남성으로 비칩니다. 우리는 사랑을 통해서 숭고한 희생을 알고 생명의 신비를 느끼며 황홀한 아름다움을 체험합니다. 나밖에 모르는 이기주의자도 사랑 속에서 타인의 생명의 존귀함을 깨닫게 됩니다.

사랑은 홍역과 같아서 누구든지 한 번은 걸려야 한다고 합니다. 인간이 성숙해지기 위해서는 사랑을 해 보아야 한다는 말이겠지요. 많은 사람들이 낭만적인 사랑의 경험을 갖고 있습니다.

많은 젊은이들이 아름다운 사랑을 하고 있습니다. 많은 청소년들이 화려한 사랑을 꿈꾸고 있습니다. 그러나 우리에게 익숙한 사랑의 모습에는 많은 잘못된 신화가 담겨 있습니다. 여러분이 갖고 있는 사랑에 대한 아름다운 꿈을 깨기에는 가슴이 아픈 일이기도 하지만 우리가 인간의 모습으로 우뚝 서기 위해서는 그 신화를 깨뜨려야 할 필요가 있습니다.

팔자 고쳐 줄 남자의 사랑 구하기

흔히 사랑에는 연령이 없을 뿐만 아니라 국경도, 신분도 없고, 계급이나 귀천도 없다고 합니다. 로미오와 줄리엣은 서로 원수의 가문이었지만 비극적인 사랑에 빠졌습니다. 평민의 딸과 결혼하기 위해 왕위 계승권을 포기하고 평민의 삶을 택한 어느 왕자의 이야기는 유명합니다. 춘향과 이도령도 신분을 뛰어넘는 사랑을 했고, 평강 공주도 평민인 바보 온달과 결혼을 합니다. 사랑 때문에 자신의 나라를 배신한 낙랑 공주의 이야기도 잘 알려진 것입니다. 많은 영화에서도 적을 사랑하여 곤경에 빠지는 남녀의 이야기를 다루고 있습니다.

그러나 위의 이야기들이 유명한 이유는 신분 사회에서 그 신분의 제약을 뛰어넘는 사랑은 그야말로 수천 년의 역사 중에서 손꼽을 정도의 일이기 때문입니다. 물론 많은 이야기는 허구입니다. 역사 속에 살다 사라져 간 셀 수 없는 사람들 중 99.9%가

신분의 제약을 뛰어넘지 못하고 혼인을 하였습니다.

신분 제도가 없어진 현대 사회는 얼핏 연애와 결혼의 자유가 있는 듯이 보입니다. 그러나 현대는 '돈', 고상하게 말해서 '경제력'에 대한 고려에서 완전히 벗어난 연애나 결혼은 보기 드뭅니다. 실제로 결혼에서 일차적인 고려 조건이 애정이 아니라 금전적인 요인이라는 것은 숨길 수 없는 사실입니다. 애정은 이 일차적인 조건이 만족된 후에 따져 볼 부수적인 조건으로 여겨지기도 합니다. 자기 자신은 의식하지 못한다 하더라도 알고 보면 조건이 적합한 사람을 골라서 사랑에 빠지는 것입니다. 누가 그렇게 하도록 강제하고 있지는 않지만 부자는 부자끼리, 노동자는 노동자끼리 결혼합니다. 대학을 나온 여성이 초등학교도 못 나온 공사장 인부와 '사랑에 빠질' 확률은 얼마나 될까요? '이수일과 심순애'가 많은 사람의 공감을 불러일으킨 데는 이유가 있습니다. '돈에 배신당하는 사랑'은 오늘도 가장 중요한 사랑 이야기의 주제입니다.

'과연 사랑은 무엇인가를 초월하는 것인가?'에 대한 해답은 '큐피드의 화살은 날기는 하지만 장거리를 날지는 않는다'입니다. 이것이 자유 연애의 한계이고, 결국 사랑은 계층 안에서의 유대인 것입니다.

여기서 하려고 하는 이야기의 핵심은 무엇인가를 초월해야 아름답고 가치 있는 사랑이라는 말이 아닙니다. 우리가 대체로 알고 있는 신분과 경제력을 초월한 결혼이라는 것은 천편일률적으로, 예쁘고 착한 여자가 우연히 운명적으로 귀족이나 부잣집 아들의 사랑을 받아 하루아침에 팔자를 고친다는 이야기입니다. 그러나 이런 일은 드문 것인데도 '국경을 뛰어넘는' 사랑의 환상이 일반화되어 있어, 많은 여자들로 하여금 자신의 힘으로 당당히 사회의 일원이 되기 위해 노력하기보다는 '팔자를 고쳐 줄 남자의 사랑 구하기'를 위해 힘을 쏟게 만드는 현실을 지적하고자 하는 것입니다.

결혼은 꼭 해야 하는 것(?)

"인간은 원래 남녀의 구별이 없었다. 남녀가 한 몸이 되어 살고 있었다. 문자 그대로 일심동체였다. 신은 인간의 힘을 약화시키기 위해서 그것을 둘로 갈라놓았다. 그래서 지상에서 반쪽이 되어 하나는 남자가 되었고 하나는 여자가 되었다. 우리는 늘 자기의 짝을 찾고 있다."

사랑이란 자기의 잃어버린 반쪽 짝을 찾는 것이라고 합니다. 한 남성과 한 여성이 자기의 짝을 찾아 완전히 하나가 되려고 하는 거라는 말이죠. 사실 사랑의 신비는 그렇게밖에 설명할 도리가 없어 보이기도 합니다. 흔히 사랑이란 것이 하나가 되는 것이라고 말할 때 그 의미는 마음, 즉 의견이나 사고방식, 생활 습관 등을 서로 존중하고 조화를 이루는 것을 말할 것입니다. 두 인격의 조화나 합의에 의해서가 아니라 어느 한 쪽의 입장에 일방적

으로 끌려가 다른 한쪽의 개성이나 재능이 사라져서는 안 된다
는 겁니다. 무리하게 하나가 되어야 한다고 외치기보다 서로의
인격을 존중하고 서로 성숙한 모습으로 함께 발전시켜 나갈 때
사랑의 위대함은 더욱 증명될 것입니다.

　자신의 삶을 책임감 있게 꾸려 가는 많은 독신 남녀들이 나이
가 들어도 미성년자 취급을 당하고, 심지어 어디가 모자란 사람
처럼 취급을 받는 경우가 흔합니다. 충분히 사회에 공헌을 하고

당당한 삶을 살도록 내버려 두지 않고 '결혼도 못 하는 주제에 뭘 나서냐'면서 노골적으로 상처를 주는 경우가 많습니다.

우리가 흔히 쓰는 '미혼'이라는 말에는 '혼인은 본디 모든 사람이 반드시 해야 하는 것인데 아직 하지 않은 것'이라는 느낌이 강합니다. 그래서 요즘에는 '미혼' 대신 '혼인 상태가 아님'을 뜻하는 '비혼'이라는 표현이 확산되고 있습니다. 이제는 사람의 가치가 결혼 여부에 달린 것이 아니라 무슨 일을 어떻게 하면서 살고 있는가에 따라 평가되어야 할 것입니다.

여성은 사랑을 위해 살고 남성은 일을 위해 산다?

요즘은 조금씩 변하고 있지만 여전히 사랑과 일에서의 역할 구분은 분명히 존재합니다. 사랑받기를 원하는 여성은 남성의 마음에 들기 위해 끊임없이 신경을 쓰고, 그의 기대와 요구에 따르기 위해 노력합니다. 심할 경우는 사랑하는 남성의 간섭과 통제를 사랑의 표현으로 받아들이며 삶의 이상과 자유를 제한하고 남성의 생각과 생활에 편입됩니다. 반면에 남자는 보고 배운 성 역할에 따라 사랑에서도 주도적이고 능동적입니다. 남자에게 사랑은 소유와 지배를 의미하는 경우가 많습니다. '영웅은 미인을 얻는다'라는 말처럼 '내 여자'를 만드는 노력에 전력하는 것이 남성다운 사랑의 표본이 될 뿐 아니라 절대적인 사랑으로 여겨지기까지 합니다.

그러다 보니 여전히 많은 남성들이 이성 관계에서 주도적인 태도를 보이는 여성을 불편해합니다. 여성 또한 '내가 먼저 이렇게 말해도 될까'를 망설이며 상대가 다가와 주기를 바랍니다. 그렇기 때문에 많은 여자들이 자기가 좋아하는 남성에게 표현조차 하지 못한 채 '혼자만의 사랑'으로 자신의 감정을 남겨 둡니다. 사랑을 고백하자니 '여성적'이지 못한 매력 없는 여자로 보일까 두렵고, 가만히 있자니 사랑하는 사람이 가 버릴까 두려운 것이지요. 그래서 여성은 자신이 좋아하는 남성, 조건이 좋은 남성이 자신을 좋아하도록 자신을 맞춰 갑니다.

'여자는 사랑을 위해 살고 남자는 일을 위해 산다'는 말은 사랑의 의미와 가치가 남녀에 따라 얼마나 다른지 보여 줍니다. 사랑의 열정에 빠진 경우에도 자신과 일을 포기하는 남성은 드뭅니다. 남성은 일에 성공하면 사랑은 당연히 따라오는 것이라고 생각하지요. 반대로 사랑을 위해 일과 삶의 계획을 포기하지 않는 여성이 사랑에 성공하기란 너무나 힘이 듭니다. 열심히 일하고 정직하게 살아가는 여성을 두고 단지 결혼하지 않았다는 이유로 실패한 인생이라는 딱지를 붙이는 경우는 또 얼마나 많습니까?

여자는 그저 한 살이라도 어릴 때 좋은 남자를 만나 그 남자 뒷바라지를 하며 살아가는 게 최고라는 말, 여러분도 들어 보지 않았나요? 여성의 사회 진출이 활발해지고 있는 요즘도 왜 이런 말을 들어야 할까요? 아직까지는 우리 사회에서 여성이 일을 통해 인정받고, 자신이 원하는 지위에 오르는 것이 어렵기 때문입니다. 소수의 여성들만이 자신의 일에 대한 정당한 대우를 받고 성공을 거머쥡니다. 이런 상황에서 여성은 자신을 열등한 일꾼으로 규정하고 저임금과 낮은 처우로 부려 먹는 사회 전체와 싸우기보다, 한 남자에게 선택받고 안정된 울타리에서 살아가는 편이 쉽고 안전하다고 여기게 되는 것이지요.

여성이 자신의 일에서 성취감을 얻고 경제력을 확보하는 것은 여성만을 위한 일이 아닙니다. 인류의 절반인 남성을 경쟁적이고 비인간적인 '일 벌레'로 만들어 일상적인 사랑을 누리지 못하게 하고, 다른 인류의 절반인 여성을 의존적이고 이기적인 '사랑 벌레'로 만든다면 여성과 남성 모두 행복할 수 없습니다. 구태의연한 성 역할 구분에서 벗어나 여성이 당당한 사회 구성원으로 거듭날 때, 사랑의 주체자로 바로 설 때, 남성들 또한 일방적인 책임감에서 벗어나 여성과 남성 모두 진정한 사랑의 기쁨을 누릴 수 있습니다.

사랑이 솟는 샘터

성의 이중 기준에 따라 남녀가 각각 다른 교육을 받아 온 결과, 사랑의 표현 방식도 달라집니다. 여성은 주로 감상적이고 낭만적인 사랑을 생각하며, 성적 표현보다는 친밀한 대화나 분위기를 통한 정서적 교류를 더 중시합니다. 남성은 감정적 표현보다는 육체의 접촉을 사랑의 표현과 확인의 증거로 간주하기 때문에(본인보다는 주위에서 부추기는 경우가 많습니다) 성관계에 대해 적극적인 태도를 보이는 경우가 많습니다. 하지만 여성에게 성적 욕구가 없는 것이 아닐뿐더러, 모든 남성이 사랑의 여부와는 상관없이 성욕을 드러내는 것은 아닙니다. 개개인의 기질과 욕구에 따라 사랑의 표현 방식은 달라질 수밖에 없습니다. '여자는 신체적인 접촉을 원하지 않아' 라거나 '남자는 다 짐승이야' 라는 생각에서 벗어나, 자신과 상대에 맞는 표현과 속도를 찾아가는 것이 바람직합니다.

흔히들 남자는 결혼 전과 결혼 후가 판이하게 다르다고들 합니다. 연애 시절에는 꽃을 선물한다든지 연애편지를 쓴다든지 음악회나 연극, 영화를 관람한다든지 하며 여성이 기대하는 감상적이고 낭만적인 패턴에 적응하려고 애쓰던 남성들이 결혼한 다음에는 그런 행위들을 불필요하거나 귀찮다고 여기는 경우들을 자주 볼 수 있습니다. 결혼 전에 가졌던 둘만의 낭만적인 시간들을 여성에게 맞춰 준 노력이라고 생각하지 않고, 서로의 사랑을 확인하는 과정으로 인식하면 어떨까요? 여성들도 결혼 전과 동일한 방식의 데이트를 고집하기보다는 새로 주어진 환경에 맞는 이벤트를 고민하는 노력을 기울이면 좋겠습니다.

'영원한 사랑'은 연애 시절의 열정이 계속되는 것이 아니라 서로의 성장과 발전을 위해 '따로 또 같이 노력해 나가는 과정'입니다. 그럴 때 결혼은 사랑의 '무덤'이 아니라 사랑이 샘솟는 '옹달샘'으로 자리 잡을 것입니다.

이덕주_금천고 교사

일과 사랑의 방정식

우리 과 대학원생 중 아주 머리가 뛰어나고 유능해서 내심 성 공적인 학자가 될 때까지 돌봐 주고 싶은 여학생이 있었다. 그런 데 언제부터인가 결석도 잦아지고, 과제물도 눈에 띄게 부실해 졌다. 그러던 중 그 학생의 친구에게서 한창 '열애 중'이라는 말 을 들었다.

나는 그 학생을 위하는 마음에서 "사랑에 빠졌다고 해서 자기 일을 엉망으로 할 수 있는 거냐"며 걱정 겸 책망을 했다. 그랬더 니 결혼을 하지 않은 내게 "교수님은 사랑을 안 해 보셔서 이해 못 하실 거예요"라고 당당하게 말하는 것이 아닌가.

밀레바 마리치의 일생

"나도 남자 동료들처럼 훌륭한 물리학자가 될 수 있어요."

밀레바 마리치는 이처럼 자의식이 뚜렷한 여자였다.

"우리 둘이서 운동의 상대성에 관한 연구를 성공적으로 끝마치게 된다면 얼마나 기쁘고 자랑스러울지 모르겠소."

이것은 유명한 물리학자이며 노벨상 수상자인 알베르트 아인슈타인이 자신이 열정적으로 사랑했으며 지적으로도 높게 평가했던 밀레바 마리치에게 건넨 말이었다. 그러나 오늘날 그녀는 알베르트 아인슈타인의 아내로 알려져 있을 뿐이다.

밀레바 마리치는 세르비아에서 훌륭한 교육을 받은 아버지에게서 태어났다. 어려서부터 수학에 탁월한 재능을 나타낸 그녀는 15살에 명문인 세르비아 왕실 인문고에 들어갔고, 거기서도 남다른 학습 속도로 두각을 나타냈다. 당시 여자들이 대학을 다닐 수 있는 유일한 곳은 취리히뿐이어서 1896년에 스위스 국립 공과대학에서 수학과 물리학 공부를 시작했다. 그녀는 그 학교가 생긴 이래 다섯 번째 여학생이었으며, 그 해에 입학한 학생 중 유일한 여학생이었다. 그 학교에서 알베르트 아인슈타인을 만났을 때만 해도, 그녀는 장래가 촉망되는 우수한 학생이었다.

그러나 아직 결혼 전이었던 1901년, 아인슈타인의 첫 아이를 임신함으로써 그녀는 학자의 길을 벗어났다. 그렇지만 수학적 재능이 뛰어났던 그녀는 그 후에도 아인슈타인과 함께 연구를 계속하면서 공동 출판물들을 발표하기도 했다. 그러나 1903년,

결혼 후부터는 공동 저작도 아인슈타인의 이름으로 발표되었다. 당시 밀레바가 친구에게 보낸 편지에는 "얼마 전 우리는 매우 중요한 작업을 완성시켰어. 그것은 남편을 세계적으로 유명하게 만들어 줄 거야"라는 구절이 들어 있다.

병약한 둘째 아들이 태어난 이후, 그 아이의 뒷바라지로 인해 그녀는 더 이상 남편의 연구에 참여할 수가 없었다. 남편 아인슈타인이 학자로서 상승일로에 있을 때 그녀는 점점 그의 뒤편으로 물러나게 되었고, 아인슈타인은 다른 여자와 결혼하기 위해서 그녀에게 이혼을 요구했다. 비록 한계는 있었지만 결혼 초기에 지속되었던 동등한 작업 공동체이자 삶의 공동체가 실현될 수 없게 되자, 혹독한 대가를 치러야 하는 대상은 여자였다.

그녀는 빈손이 되었다. 학문적으로 새롭게 시작하기에도 너무 늦었고, 둘째 아들을 돌보는 데 남은 힘마저 빼앗겨서 겨우 시간제 피아노 개인 수업이나 수학 수업을 할 수 있을 뿐이었다. 밀레바는 정신병자인 둘째 아들을 20년여 년이나 뒷바라지하다가 모두에게 버림받은 채 홀로 죽었다.

병든 아들이 정신병원에서 17년을 더 살다가 죽었을 때, 그의 형이 낸 부고에는 어머니 밀레바에 대한 언급은 한마디도 없었으며, 오직 '고 알베르트 아인슈타인의 아들'이라고만 쓰여 있었다고 한다. 그렇게 밀레바 마리치의 자취는 철저히 지워졌다. 그녀의 이름은 어머니로서조차도 불리지 않았던 것이다.

〈본문 돋보기 1〉은 사랑이나 결혼 때문에 자기 일을 포기하거나 재능이 묻혀 버린 사람들의 이야기입니다. 일이 사람에게 갖는 의미는 무엇일까요? 여자들이 '사랑'에 목을 매고, '남자'에게 인생을 걸게 되는 이유는 무엇일까요?

사랑하는 나의 딸아,

벌써 고등학생이 된 너를 보면 세월이 정말 빠른 것 같아. 엄마는 네가 어떤 꿈을 꾸고 펼쳐 나갈지 기대가 크단다.

헌데 한참 진로에 대해 많은 생각을 하고 고민할 나이인 네가 그저 대학을 졸업하고 '좋은 남자'를 만나서 결혼하고 행복한 가정을 꾸리는 게 꿈이라고 말했을 때, 엄마는 눈앞이 캄캄해졌어. 왜 너는 좋은 남자를 만나 결혼해서 행복한 가정을 꾸리는 게 여자의 가장 큰 성공이라고 생각하는 걸까?

아마도 네가 그런 생각을 하게 된 건 우리 사회의 분위기 때문이겠지. 공공연하게 나오는 '여자는 남자를 잘 만나야 한다'는 이야기들과 가사일은 당연히 여자의 몫으로 여기는 분위기는 네게 큰 영향을 주었나 보다. TV 드라마에서는 여자의 운명은 남자에 의해 결정되고, CF에서는 집에서 앞치마를 입고 아름답게 미소 짓는 여자를 가장 아름답고 행복한 여자처럼 보이게 하니까.

물론 좋은 남편을 만나 행복한 가정을 꾸리는 것도 중요하겠지. 하지만 네가 무엇을 하고 싶은지 생각조차 해 보지 않고, 그저 돈 많은 남자를 만나서 사는 것을 인생의 목표로 삼는 것을 엄마는 찬성할 수 없단다.

엄마도 네 나이 때에는 결혼해서 아이를 낳고 사는 것이 당연한 일인 줄 알았어. 하지만 너는 달라야 하지 않을까? 엄마는 네가 여자라는 굴레에 묶이지 않고 자유롭게 꿈꾸고 무한히 성장하길 바란다. 넌 누구보다 가치 있고 무한한 가능성을 지니고 있는 사람이니까. 그러니 네 스스로 가능성의 싹을 잘라 버리지 않았으면 해.

엄마는 네가 멋진 인간, 그리고 멋진 여성으로 살아가길 진심으로 바란다. 항상 곁에서 응원할게.

〈본문 돋보기 2〉는 '좋은 남자'를 만나는 것을 인생의 목표로 삼고 있는 딸에게 엄마가 보내는 편지입니다. 자신은 결혼 후 어떤 삶을 살고 싶은지에 대해 이야기해 보고, 진정한 성공의 의미에 대해서 토론해 봅시다.

사랑은 믿음이라고 생각합니다. 서로를 사랑하고 믿는다면 굳이 결혼이라는 제도에 얽매일 필요 없이 같이 사는 것만으로 충분하다고 생각합니다. 사랑할 때는 확실히 사랑하고, 사랑이 식으면 사랑하는 사람을 자유롭게 놓아주는 것이 진짜 사랑이라고 생각합니다.

중2 남학생

저도 결혼은 구속으로 느껴집니다. 결혼을 하면 가정이라는 울타리 안에서 한 사람만 사랑해야 하잖아요? 저는 이런 것에 얽매이기보다 화려하고 멋진 싱글로 살면서 제 인생을 마음껏 즐기고 싶어요.

중2 여학생

저는 꼭 결혼을 하고 싶습니다. 제 인생을 혼자서 보낸다면 너무 외로울 것 같아요. 인생을 같이 걸어갈 남편과 자식들과 행복하게 살고 싶습니다. 저희 엄마, 아빠를 보면 가끔 티격태격 다투기도 하시지만 대체로 행복해 보이십니다. 저도 엄마, 아빠처럼 행복한 가정을 꾸리고 살고 싶습니다.

중2 여학생

저는 이른 나이에 결혼하는 것에 대해서는 반대합니다. 결혼을 하면 좋은 점도 있지만 포기해야 하는 점도 많습니다. 자신을 위해서 투자해야 할 시기에 가족에게 얽매여서 살고 싶지는 않습니다. 무엇보다 중요한 것은 제 자신이기 때문입니다. 자기 계발이나 취미 생활을 마음껏 즐기고, 제가 하는 일에서도 인정을 받은 후에 제가 원하는 사람과 결혼할 생각입니다.

중2 남학생

어른들은 결혼을 누구나 꼭 거쳐야 할 인생의 절차라고 생각하시는 것 같아요. 올해 스물아홉 살인 저희 언니를 보면 왜 아직 결혼을 하지 않느냐며 닦달을 하세요. 저는 가끔 예쁜 웨딩드레스를 입고 있는 제 모습을 상상해 보는데요, 아직은 제가 어떤 결정을 할지 잘 모르겠어요. 정말 사랑하는 사람을 만나면 결혼하고 싶지 않을까요?

중2 여학생

결혼이란 평생 의지하고 서로 도우며 살아갈 동반자를 찾는 일이라고 생각합니다. 결혼식에서 주례 선생님이 "슬플 때나 기쁠 때나 서로 사랑하고 믿고 의지하며 살겠습니까?"라고 물어보잖아요. 이 말이 결혼이 무엇인지를 잘 설명하는 것 같아요. 저도 살면서 의지가 되고 서로 다독여 줄 수 있는 사람을 만나고 싶어요.

중2 여학생

결혼을 하면 혼자 사는 것보다 훨씬 안정적으로 살 수 있다고 생각합니다. 어려운 일이 있을 때 배우자와 함께 고민하고 해결 방법을 찾을 수 있을 테니까요. 두 사람이 머리를 맞대면 더 넓은 시각으로 세상을 바라볼 수 있다고 생각합니다.

중2 남학생

이번에 삼촌이 결혼 준비 하는 걸 보니까 돈이 엄청나게 많이 들더라고요. 돈이 없으면 결혼도 못 하고 사랑도 못 한다는 생각이 들었습니다. 결혼은 현실이라고 하잖아요. 사랑하는 사람을 만나 결혼하기 위해서는 돈을 많이 모아야겠습니다.

중2 남학생

사랑과 결혼의 기준은 저마다 다를 수 있습니다. 나중에 커서 결혼을 하고 싶다면 그 이유는 무엇이고, 만일 하고 싶지 않다면 그 이유는 무엇인지 이야기해 봅시다.

4부
우리는 세상의 절반

1. 꽁트 써 보기
여자는 왜?

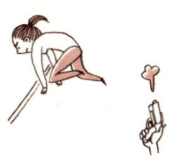

　내 이름은 '김진순'.

　이 집 아저씨, 그러니까 우리 아빠의 성이 김씨니까 나도 김씨. 진순이라는 이름은 내가 '진짜 순하다'고 해서 붙여졌다. 내가 진짜 순한 이유?

　"진순아, 밥 먹어라." "진순아, 목욕하자." "진순아, 산책 가자." "진순아, 오늘은 숍에 가서 친구들도 만나고 털도 좀 다듬어야지." "진순아, 뽀뽀! 아이구, 예쁘기도 하지."

　이렇게 식구들이 나한테 잘해 주니까 순하게 구는 거다.

　그런데 오늘은 몸이 찌뿌드드하다. 머리가 무겁고 자꾸만 눈곱이 낀다. 엄마가 나래 언니를 부른다.

　"나래야, 진순이가 아픈 것 같은데 병원 좀 데려갈래?"

　"우리 진순이가 아파요?"

　"축 처져 있는 게…… 좀 아픈 것 같아."

　"그럼 제가 다녀올게요. 오늘은 수업이 없거든요."

나래 언니가 나를 데리고 차에 올랐다. 대학생인 나래 언니는 운전을 잘한다. 나도 나래 언니만큼 크면 운전이라는 걸 할 수 있을까?

차 안은 따뜻하고 편안했다. 나래 언니의 옆자리에서 차창으로 쏟아지는 햇살을 받으며 달콤한 잠에 빠져들고 있는데, 차가 갑자기 멈춰 섰다. 나래 언니는 소리를 질렀고, 나는 의자 아래로 굴러 떨어지고 말았다.

"깜빡이도 안 켜고 갑자기 끼어드는 법이 어디 있어!"

나래 언니가 짜증을 냈다. 그런데 끼어든 앞차의 차창이 내려가더니 운전석에 앉은 아저씨가 다짜고짜 소리를 질렀다.

"여자가 집에서 솥뚜껑 운전이나 하지, 뭐하러 도로에 기어나와? 아랍에는 여자들 운전 못 하게 하는 법이 있다던데, 우리나라에는 왜 그런 법도 없는 거야. 에이, 재수 없어!"

나는 잠이 확 달아났다. 나래 언니는 너무 황당해서 그런지 아무 대꾸도 하지 못하고 숨만 거칠게 몰아쉬었다. 나는 도무지 아저씨를 이해할 수 없었다. 왜 나래 언니한테 화를 내는 거지? 잘못한 건 아저씬데. 우리는 아무 말 없이 병원으로 향했다.

병원에서 주사를 맞은 것까지 기억나는데 잠이 들었나 보다. 정신이 들어 일어나 보니 가족들이 모두 식탁에 모여 저녁을 먹고 있었다. 내 밥그릇에도 소고기 사료와 치즈가 놓여 있다. 그때 엄마의 목소리가 들렸다.

"민호야, 성적표 나왔니? 나래는 이번에 장학금 받는다던데."

갑자기 민호 오빠가 숟가락을 내려놓으며 불퉁거렸다.

"그냥 그래요."

"엄마는 나래 걱정은 하질 않는다. 누나는 여자잖니. 하지만 넌 달라. 그렇게 대충 공부해서 어떻게 취직하고, 어떻게 가장 노릇을 하겠어? 엄마 말이 틀려?"

"괜찮아요. 능력 있는 여자랑 결혼하면 돼요."

아, 이런. 엄마의 표정이 예사롭지 않다. 엄마는 딱 소리 나게 숟가락을 내려놓았다.

"얘가, 얘가, 아주 큰일 날 소릴 하네. 여자들이 자기보다 못난 남자한테 눈길이나 주는 줄 알아? 너희 누나한테 물어봐라. 안 그러니, 나래야?"

말없이 밥을 먹던 나래 언니가 당연하다는 듯 고개를 끄덕였다. 하지만 나래 언니의 표정도 밝지만은 않다.

"근데 엄마. 저 아무래도 수술해야 할까 봐요."

수술? 나래 언니가 어디 아픈 걸까? 겉보기에는 멀쩡해 보이는데.

"공부만 잘해서는 아무것도 할 수 없어요. 내년이면 졸업반인데, 수술하려면 지금 해야죠. 붓기도 빠져야 되고."

"돈은 얼마나 든다니?"

"알아보니까 우리 학교랑 연계된 병원이 있대요. 거기서 하면 학생 할인 받을 수 있으니까…… 내 친구들도 거의 다 했어요. 그리고 쌍꺼풀 수술만 하는 것보단 코 수술도 같이 하는 게 좋다니까……"

엄마는 나래 언니 얼굴을 한 번, 아무 말 없이 밥을 먹고 있는 아빠 얼굴을 한 번 쳐다보더니 깊은 한숨을 내쉬었다.

"도대체 누굴 닮아서……. 다음 주에 엄마랑 병원에 한번 가 보자."

나래 언니의 얼굴이 환해졌다. 병원 가는 게 뭐가 좋다고?

"그리고 민호 너. 넌 다음 주부터 영어 학원 등록해라. 교양 영어 점수가 D가 뭐니? 사내자식이 자존심도 없어?"

민호 오빠는 대답도 하지 않고 자기 방으로 들어가 버렸다. 뒤이어 아빠도 슬그머니 안방으로 들어가 버렸다. 나는 왠지 멋쩍어서 밥그릇 옆에 놓인 개 껌을 씹었다.

가족들이 모두 방으로 들어가고, 설거지를 마친 엄마가 컴퓨터 앞에 앉았다. 이 시간이면 나는 엄마 발밑에서 스르륵 잠이 든다. 내가 발밑에서 부비적부비적거리고 있는데, 갑자기 엄마가 다급하게 아빠를 불렀다.

"여보! 여보!"

하지만 오늘도 아빠는 아무런 답이 없다. 안방에서 텔레비전을 보다 주무시는 것 같다. 엄마는 금세 포기하고 민호 오빠를 부르기 시작했다.

"민호야, 민호야! 뭐하니? 당장 나와 봐. 컴퓨터가 이상하네."

하지만 민호 오빠는 단단히 뿔이 났는지 들은 체도 하지 않았다. 엄마가 안절부절못하고 있는데 나래 언니가 다가왔다.

"엄마, 제가 한 번 해 볼게요."

"괜히 만졌다가 고장이라도 내면 어떡하려고? 기계는 아무래도 남자가 잘 알지. 민호야, 김민호!"

결국 민호 오빠가 심통이 가득한 얼굴로 다가왔다. 엄마는 그제야 안심이 되는 눈치였다. 그런데 이게 웬일. 민호 오빠가 이것저것 버튼을 눌러 보고, 두드려 봐도 컴퓨터는 아무런 반응이 없었다. 급기야 민호 오빠가 짜증을 냈다.

"아, 뭐 이래!"

민호 오빠가 컴퓨터를 발로 차려는데 나래 언니가 나섰다.

"바이러스 때문인데 그렇게 한다고 되겠냐. 바이러스 백신 프로그램이 되는지부터 확인해야지. 비켜 봐. 내가 해 볼게."

나래 언니는 민호 오빠를 살짝 옆으로 밀더니 바쁜 손길로 뭔가를 만져 댔다. 몇 분쯤 지났을까? 초조하게 지켜보던 엄마의 얼굴이 환하게 밝아졌다.

"어마, 된다. 되네. 신기해라. 되는구나. 아니, 우리 딸. 이런 재주도 있었어? 여자는 원래 이런 거 잘 못하잖아. 이런 건 남자들이 알아서 하는 건 줄 알았는데."

"엄마, 그러니까 아무 프로그램이나 다운받지 말란 말이에요. 괜히 바이러스 걸려서 컴퓨터 고생시키지 말고."

갑자기 엄마 표정이 변했다.

"애가 그거 좀 했다고 엄마를 가르치려 들어? 여자가 그런 거 잘해 봤자 별 수 있니? 여자는 뭐니 뭐니 해도 그런 거 저런 거 다 해 주는 능력 있는 남편 만나서 편안히 사는 게 제일이다."

여자는? 여자가 뭐기에?

아까 병원 가는 길에도 그렇고, 집에서도 그렇고, 다들 여자 타령이다. 잘은 모르겠지만 어쨌든 여자는 여러 가지로 '피곤한 동물'인가 보다.

아침이 밝았다. 가족들이 모두 나가고, 나는 따사로운 햇살을 맞으며 꾸벅꾸벅 졸고 있었다. 그런데 현관 벨이 울리더니 옆집 아줌마가 등장했다. 오늘도 옆집 아줌마는 어김없이 약간 몸을 숙이고 입 근처에 손을 댔다. 여기는 엄마와 나, 아줌마 셋밖에 없는데 말이다.

"그 얘기 들었어요? 1102호 여자 말이야."

엄마도 살짝 몸을 기울이며 묻는다.

"아니, 왜? 또 무슨 일 있대?"

"그 여자, 또 이혼했다잖아."

"세상에, 이번이 몇 번째래?"

"여자가 너무 잘나서 그렇다나 봐. 명색이 교수면 뭘 해. 팔자가 그렇게 센데. 솔직히 내가 남자라도 그런 여자 피곤할 거야."

힘차게 고개를 끄덕이던 엄마가 옆집 아줌마 쪽으로 살짝 몸을 숙였다.

"901호는 또 어떻고."

"왜요, 왜요? 그 집도 문제 있어?"

"자기도 알지? 그 여자, 혼자 살잖아요. 결혼도 안 하고. 나이가 마흔이 넘었는데 말이지."

"알지, 그런데 왜?"

"며칠 전에 909호 진희네 엄마가 봤다는데, 아침에 남자랑 같이 나가더라는 거야."

"세상에. 부끄럽지도 않나. 결혼도 안 한 여자가."

엄마와 옆집 아줌마는 한참 동안 703호가 부부 싸움을 자주 한다는 얘기, 802호 집 딸이 만날 늦게 다닌다는 얘기를 앞다투어 나눴다. 그러다가 갑자기 엄마가 한숨을 푹 내쉬었다.

"아니, 왜요. 나래 엄마."

"우리 나래 말이야. 내가 속상해 죽겠어."

"아니, 나래가 왜? 나래만 한 딸도 없지. 공부 잘해, 좋은 대학 다녀, 과외해서 자기 용돈 자기가 벌어 써, 뭐가 문제야?"

"여자가 그런 쪽으로만 잘나면 뭘 해. 인물이 잘나야지."

조금 머뭇거리던 옆집 아줌마가 엄마 팔을 쓸어내리며 이렇게 말했다.

"왜, 복스럽게 생겼잖아."

"수술하겠대요. 취직이 안 된다나, 뭐라나. 하긴 눈은 단춧구멍만 하지, 콧대는 납작하지……. 내가 면접관이라도 예쁜 아가씨 뽑지, 눈이 삐었다고 우리 나래 같은 애를 뽑겠어요. 그러게 날 닮았으면 안 그럴 텐데 왜 자기 아빠를 닮느냐고."

아무 말 없이 엄마를 바라보던 옆집 아줌마는 괜히 머쓱한지 고개를 휘휘 돌리다가 나와 눈이 마주쳤다. 아줌마가 이리 오라고 내 쪽으로 손을 내밀었지만 나는 왠지 가기 싫어서 못 본 척했다.

"나래 엄마. 쟤는 여자애야, 남자애야?"

나래의 미래를 걱정하며 당장이라도 눈물을 흘릴 것 같던 엄마가 갑자기 나를 향해 박수를 짝짝 쳤다. 나는 냉큼 달려가 엄마 품에 안겨서 재롱을 부렸다. 혀로 엄마 볼을 핥고 꼬리도 열심히 흔들었다. 엄마는 나를 예뻐해 주니까. 나는 엄마 딸 진순이니까. 엄마의 사랑을 느끼고 싶어서 품을 파고드는데 엄마가 말했다.

"당연히 여자애지. 암컷이 수컷보다 두 배는 비싼 거 알지?"

"족보도 있다며?"

"그럼. 족보 없는 개는 쳐주지도 않아."

"근데 왜 암컷이 더 비싼 거야? 개는 암컷이 더 낫나?"

"훨씬 낫지. 새끼 낳잖아. 그러니까 개는 암컷을 키워야 해. 그래야 밥값을 하지. 안 그러니, 진순아?"

엄마, 내가 새끼를 낳는다고 나를 더 예뻐하는 거야? 정말 그런 거야?

나는 왠지 슬퍼졌다. 하지만 왜 슬픈지는 알 수 없었다. 그래도 나래 언니보다는 내가 낫다는 생각이 들었다. 적어도 나는 수컷보다 비싸니까. 성형 수술 할 필요도 없고, 잘난 척한다고 구박받을 일도 없으니까. 그냥 새끼만 낳으면 되니까.

1. 일상생활 중에 '여자가', '여자는' 이라는 말을 듣는 경우가 많습니다. 왜 이런 말들이 나오는 걸까요? 여자는 똑똑할 필요가 없다거나, 남편 잘 만나는 것이 최고라는 말을 들을 때 어떤 기분이 드나

요? 여자이기 때문에 잘할 수 있는 일에는 어떤 것들이 있을까요?

2. 이 글에 등장하는 인물들은 조금씩 한계를 가지고 있습니다. 각 등장인물들의 특성과 한계를 생각해 봅시다. 각 인물 중에서 가장 이해할 수 없는 인물을 골라 비판해 보고, 가장 공감되는 인물을 골라 옹호해 보도록 합시다.

2. 마당극 써 보기
다 함께 웃는 명절

나오는 사람

최대근_ 봉근의 아버지, 고지식하고 독단적인 인물, 73세 남

마갑순_ 봉근의 어머니, 불만은 많지만 겉으로 드러내지 않는 인물,
          68세 여

최봉근_ 대근과 갑순의 장남, 줏대 없이 눈치만 보는 인물, 47세 남

김복녀_ 봉근의 아내, 거칠 것 없이 화통한 인물, 47세 여

최여진_ 봉근의 딸, 해설자 역할, 16세 여

무대

아무 곳이나 열린 공간. 마당극 형식으로 진행할 수 있는 곳.
학교의 경우 책걸상을 벽 쪽으로 밀어 놓고 교실 가운데를 무대로
쓰면 된다. 무대 장치는 특별한 것이 필요 없다.

막이 열리고 여진이 등장한다. 여진의 뒤에는 대근, 갑순, 봉근, 복녀가 통

퉁 부은 얼굴로 앉아 있다.

여진 : (흘끗 뒤를 본 후) 오늘은 또 무슨 일이 있어 저리 네 식구가 쭈
루니 모여 앉았을까요? (90도로 허리 굽혀 인사하고) 안녕하세
요? 저는 이 집의 하나뿐인 손녀딸 여진이에요. 추석을 앞둔
우리 집 풍경 한번 보실래요? 아휴, 역시나 밝을 명明자 명절
이 아니라 어두울 암暗자 암절이라니까요. 표정들이 하나같이
우중충…… 꼭 우물귀신들처럼……
(관객들에게 고자질하는 투로) 이건…… 비밀인데요, 울 할아버
지는 매일매일 안방 보료에 앉아서 명령만 하세요. 우리 할머
니는 할아버지 심부름 하시느라 애고애고, 한숨만 쉬시죠. 아
빠 매일 땀만 흘리고요. 엄마는 아빠를 땀 흘리게 만들어요.
(다시 뒤를 흘끗 본 뒤) 어라? 울 아빠, 또 땀 흘릴 모양이네?

여진이 퇴장하고 네 식구의 대화가 시작된다.

대근 : 여보, 마 여사. 시방 누가 호랭이 풀 뜯어 먹는 소리를 했소?
추석이 코앞인데 맏며느리가 친정에 가겠다고오오오오?

복녀 : (결의에 찬 표정으로) 아버님도 아시다시피 저, 김복녀, 외동딸
아닙니까. 친정 부모님 두 분이서 쓸쓸히 명절 보내는 거, 더
는 못 보겠습니다. 어차피 이 집이나 저희 집이나 후손이라고
는 우리 여진이 하나뿐이니, 결국 여진이 조상님한테 차례 지

내는 거 아닌가요?

대근 : (뒷목을 잡으며) 허허, 대체 그게 무슨 망발이냐? 어멈 너는 학교 선생이면 선생이지 왜 시아버지한테까지 선생질을 하려 들어? 지나가던 동네 사람 아무나 붙잡고 물어봐라. 어느 덜 된 집구석에서 명절날 맏며느리를 친정집에 보내느냔 말이다! 이 집 맏며느리가 된 그 순간부터, 너를 낳아 준 네 부모의 딸이기 이전에 우리 최씨 집안의 며느리, 그것도 단 하나뿐인 며느리란 말······.

복녀 : (대근의 말을 끊고 들어오며) 아버님, 봉근 씨 이 사람, 제 사람이에요. 저와 백년해로 약속한 제 사람이라구요.

대근 : (자리에서 벌떡 일어날 기세로) 어멈 너는 뭐가 그리도 당당하냐. 내가 너였으면 부끄러워 고개도 못 들었다. 우리 봉근이, 삼대독자야, 삼대독자. 남의 집에 시집와서 대를 끊어 놨으면 죄인처럼 살 것이지, 웬 말이 그리도 많아? 봉근이 너 이 자식. 마누라 단속을 어찌 하는 것이냐. 내가 뭐랬냐. 남자는 누가 뭐래도 아들이 있어야 한다고 했냐 안 했냐. 지금이라도 늦지 않았다. 아들이 있어야······.

복녀 : 아들 딸 구별 말고 하나만 낳자는 건 저희 두 사람의 철석같은 약속이었다는 거, 아시면서 매번 왜 이러시나 모르겠어요.

봉근 : (땀을 뻘뻘 흘리며 이쪽저쪽 눈치 보다가) 음, 그러니까, 여보, 그, 그만해요. 아버지, 그렇게까지 말씀하실 일은…… 자, 다들 진정하세요. 여보, 복녀 씨, 나도 장인어른, 장모님 뵙고 싶어요. 이번 명절 끝나면 다음 주 주말에 바로 내려갑시다.

대근 : 그 다음 주는 고조부님 제사 아니냐!

봉근 : (더 심하게 땀을 흘리며) 그럼 그 다, 다음 주…… 아니면 그, 그, 다다다음 주……. 아니, 여보, 복순 씨. 그렇게 무서운 표정 짓지 말고. 아니, 아버지, 차례는 여기서 지낼 테니 그 다음 주에는 처가에 좀…….

갑순 : (허리를 두드리며) 아이고, 허리야. 나이가 드니 안 아픈 곳이 없구나.

대근 : 그럼 고조부님 제사 준비는 누가 하냔 말이다.

갑순 : 여자로 태어나 아들 하나 못 낳으면 사람 구실 다했다고 볼 수 없지.

복녀 : (전혀 기죽지 않은 얼굴로) 어머니. 딸만 셋 낳은 큰아가씨, 딸만 둘 낳은 둘째 아가씨, 두 사람도 사람 구실 못 한 건가요? 결혼 안 하겠다는 막내 아가씨는 어떻구요. 여자가 아들 못 낳으

면 할 말도 못 해야 하나요?

갑순 : (복녀를 보지 않고 딴 곳을 보며) 그 애들이야 삼대독자랑 결혼
을 한 것은 아니니 굳이 죄를 따지자면…… (복녀를 빤히 쳐다
본다)

복녀 : (눈을 피하지 않으며) 더 이상 못 참겠어요. 아니, 안 참겠어요.
이번 명절도 저랑 어머님만 부엌데기처럼 일하고 친정에는 연
휴 끝에 가면 다행, 안 가면 그런가 보다 하는 거, 이젠 더 하
고 싶지 않아요.
명절에는 온 가족이 즐거워야 하잖습니까? 그런데 저는 명절
이 지옥 같아요. 더도 말고 덜도 말고 한가위만 같아라? 매일
매일 한가위 같으면 저는 속이 새까맣게 타서 말라 죽었을 거
예요.
저도 이제 내일모레면 오십이에요. 자식이라고 달랑 저 하나
인 저희 부모님, 언제까지 쓸쓸하게 명절을 보내셔야 하죠?
효도는 부모님 살아계실 때 하는 거라면서요. 돌아가시고 나
면 아무 소용없다면서요. 그러니 아버님, 어머님. (복녀, 말을
하다 보니 목이 멘다) 제발 기회를 주세요.

갑순은 복녀의 얼굴을 빤히 바라본다.
하지만 대근은 몸을 반쯤 틀어서 복녀를 외면한다.

복녀 : (두 손을 모으고 더욱 간절하게) 아버님, 그리고 어머님. 이번 추
　　　석에는 산 좋고 물 좋은 제 친정 동네로 가셔서 음식도 함께
　　　만들고 보름달도 함께 보고 소원도 빌어요. 내년 추석에는 친
　　　정 부모님을 이곳으로 모셔다가 같이 명절을……

대근 : (버럭 소리를 지르며) 친정에 가는 것도 모자라, 우리까지 데려
　　　가서 일을 시키겠다고? 어멈, 너 시방, 정신을 달나라서 방아
　　　찧는 토끼한테 보내 버린 거냐?
　　　(목소리를 가다듬으며 설교하는 투로) 여기 앉아 있는 네 어머
　　　니, 열일곱에 시집와서 50년을 넘도록 최씨 집안사람으로 살
　　　면서 단 한 번도 싫은 소리를 해 본 적이 없다. 어찌 이 사람
　　　이라고 좋은 날만 있었겠냐. 그러나 최씨 집안에 시집을 왔으
　　　면 최씨 집안 귀신이 되는 것이 인지상정. 아무리 시간이 흘
　　　러도 변하지 않는 게 있는 법이다. 안 그렇소, 여보.

갑순, 한숨을 푹 쉰다.
이런 갑순의 모습에 대근은 당황한다.

갑순 : (이를 앙다물고 천천히 또박또박 말을 시작한다) 말 한번 잘했소.
　　　내가 최씨 집안에 50년간 매여 살면서, 우리 부모님 생각, 아
　　　니 했을 것 같소? 허구한 날 부엌 아궁이 앞에서 부모님 생각
　　　에 눈물 바람을 해도 목석같은 영감은 그 마음 한 번 알아 주
　　　지 않았소. 입만 열면 숭늉 가져와라, 재떨이 대령해라, 야참

준비해라, 명령만 해 댔지 어디 내 마음이 어떨지 생각이나 해 봤냐 말이오.

어멈아. 니 말, 어디 하나 틀린 거 없다. 내가 최씨 집안 귀신으로 사는 동안 우리 부모님, 다 돌아가시고 이제 효도를 하려고 해도 할 사람도 없으니 얼마나 한이 되는지.

이 잘난 최씨 집안 2대 독자 최대근 씨! 저는 여진 에미랑 갈랍니다. 당신은 가든지 말든지 마음대로 하시구랴.

대근 : 뭐? 최, 최대근 씨? 가! 얼른 가 버려. 최씨만 남고 싸그리 다 가 버려.

복녀가 항의를 하려고 하고 봉근이 이를 막는 사이에 갑순이 나서서 말한다.

갑순 : 최씨! 그래 최씨, 좋지요. 근데 말입니다, 영감. 당신 말대로 하자면 우리 여진이, 최여진이, 당신이 입으로는 미워하지만 속으로는 예뻐 죽는 우리 손녀 여진이도 결혼하면 남의 식구예요. 우리는 명절날, 걔 얼굴 한 번 못 보고 쓸쓸하게 늙어 죽을 거라고요.

대근 : 그러니까 아들 낳으라고 했잖아!

복녀 : 아버님께서 그렇게 싫으시다면 어머님만 모시고 갈게요. 어머니, 이번 명절에는 머리부터 발끝까지 기름내에 쩔어서 고되

게 보내지 말고, 산 좋고 물 좋은 저희 집으로 가세요.

봉근 : 그래도 아버님을 혼자 두는 건…….

복녀 : 그럼 당신도 집에 남을래요?

봉근 : 나, 나는 당신이랑 가야지요. 그런데 아버지만 두고 가는 건.

대근 : (분연히 주먹을 떨며) 절대, 절대 용납 못 한다! 당장 내 집에서
　　　나가라. 썩 나가지 못하겠느냐?

봉근 : (대근의 고함에 놀라 펄쩍 뛰더니) 그, 그래요, 저, 절대, 용, 용납
　　　못합니다!!!

네 사람 퇴장하고, 여진이 쪼르르 등장한다.

여진 : (네 사람이 퇴장하는 모습을 바라보다) 어머나, 세상에. 저, 정말
　　　놀랐어요! 우리 할머니가 저렇게 말씀하시는 거 처음 봤거든
　　　요. 우리 할머니는 할아버지보다 다섯 살이나 적은데, 훨씬 나
　　　이 들어 보이죠? 손도 거북이 등껍질 같으세요. 그 꺼칠꺼칠
　　　한 촉감이 싫어서 할머니가 제 얼굴을 만지려 하실 때마다 도
　　　망가기도 했답니다. 그게 다 뭘 몰랐을 때 얘기예요. 이젠 저
　　　도 알 만큼 아는 나이…… (목소리를 낮추며) 어라? 어머니랑

할머니가 나오시네요.

여진, 퇴장하고 갑순과 복녀 등장한다.

갑순 : 50년 묵은 체증이 다 내려가는구나! 얘, 아가. 그나저나 저 영
　　　감이 수긋이 따라 줄 영감이 아닌데, 이제 너랑 내가 어찌해야
　　　쓸까나?

복녀 : 어머님, 우리 이번 주말, 딱 이틀만 앓아누워 봐요. 이 집에 밥
　　　상 차릴 사람이 저희 둘 말고 누가 있겠어요.

갑순 : 좋다. 고집불통 영감쟁이, 이참에 고생 한번 해 보라지. 근데
　　　여진 에미야. 우리도 그런 거 한번 해 보자. 왜, 거, 운동선수
　　　들이 손바닥일랑 짝 부딪치면서…….

복녀 : 아하, 하이파이브요?

갑순 : 하이타이?

복녀 : 어머니, 손바닥 펴시고, 자, 하이~ 파이브!

갑순과 복녀, 멋지게 하이파이브를 한 후, 퇴장한다.
여진, 등장한다.

여진 : 와아, 재미있는 일이 벌어질 것 같은데요? (수염을 쓰다듬는 척
　　　하며) 사내가 부엌에 들어가면 고추 떨어진다아. 자고로 사내
　　　는 부엌 옆에는 얼씬도 하지 말아야 하는 법. 우리 할아버지가
　　　딱 이런 분이시거든요. 아빠는 엄마를 돕고 싶어도 할아버지
　　　눈치 보느라 땀만 흘리는 분이고요. 이제 일이 어떻게 되려
　　　나……. 여러분, 일단 한번 지켜보자고요.

여진, 퇴장. 머리에 수건 싸매고 드러누워 있는 복녀와 갑순.
그런 복녀와 갑순을 못마땅한 얼굴로 바라보는 대근.
안타까운 표정을 짓던 봉근이 벌떡 일어나 음식점 광고지를 뒤적거린다.

봉근 : 이놈의 밥때는 왜 이렇게 금방 찾아오누? 아버님, 이번에는
　　　중국집에 시킬까요? 분식집에 시킬까요?

대근 : 아이고 모르겠다. 시켜 먹는 음식은 먹어도 돌아서면 배가 고
　　　프네 그려. 근데 네 어머니하고 여진 에미는 뭣 좀 먹었냐?

봉근 : 아뇨. 어제 하루 종일 굶고 오늘 아침도 굶고 점심도 굶
　　　고……. 아유, 저러다 정말로 큰 병 생기면 이 일을 어쩝니까?
　　　어떻게 죽이라도 끓여 볼까요?

대근 : (고민하는 표정) 그건 아니다! 그건 아니야! 자고로 남자가 할
　　　일이 있고 여자가 할 일이 있는 게지.

봉근 : 여진 에미는 남자가 할 일도 척척 다 해내는걸요. 못 잘 박죠,
　　　무거운 것도 번쩍번쩍 잘 들죠, 돈도 잘 벌어 오죠…….

대근이 눈을 부릅뜨자, 봉근, 얼른 고개를 숙인다.
대근, 누워서 앓는 갑순에게로 다가간다.

대근 : 이보오, 마누라! 어지간하면 일어나소! 에헴, 여보! (갑순이 꼼
　　　짝하지 않자 대근, 갑순의 얼굴을 구석구석 살핀다) 근데 마누라
　　　얼굴에 언제 이렇게 주름이 생겼던고. 열일곱에 시집올 적에
　　　는 주름이 다 뭐야, 꽃 같고 달같이 어여쁘기만 하더니. (갑순
　　　의 손을 만지고 들여다보며) 손은 또 왜 이리 쭈글쭈글, 꺼칠꺼
　　　칠…….

갑순 : (한쪽 눈만 살짝 뜨고 관객에게만 들리도록) 이 영감 보시게? 어
　　　인 일로 내 얼굴을 살피러 와서 손도 잡아 주고……. 아이고,
　　　이제야 알았소? 까탈스러운 최씨 집안 식구들 50년 수발들고
　　　보니 어느새 쭈그렁 할망구가 되었네 그랴. (장난스레 킥킥거리
　　　며) 그건 그렇고 우리가 아무것도 안 먹은 건 아니랍니다. 늙
　　　으면 밥심으로 사는데 아무것도 안 먹고 무슨 재주로 버티냔
　　　말이지. 어멈이랑 둘이서 누룽지도 먹고 과자도 먹기는 먹었
　　　소. 근데 이제는 뜨뜻한 국물 좀 먹었으면 좋겠네요. (잠에서
　　　깨어나는 척하며) 아이구우우우 아이구구구구구……. 어질어
　　　질하고 삭신이 쑤시는 게…… 이러다 내가 죽지, 내가 죽어.

대근 : (큰 소리로) 아니, 마누라. 왜 이러는 거요?

갑순 : (대근을 슬금슬금 살펴보며) 내가 이 나이에, 이렇게 죽는구나.

대근 : (화낼 기세로) 밥 몇 끼 굶는다고…….

갑순 : (대근의 말이 들리지 않는다는 듯) 내가 이렇게 죽으면 죽어서도 한이 될 텐데. 아이고, 죽기 전에, 그 멋이냐, 전복죽, 그거 한 술만 뜨고 죽으면 원이 없겠네.

대근 : (안절부절못하며) 전복죽이 어디 있단 말이요. 얘, 아범아! 아범아! 전복죽을 어디서 판다더냐?

갑순 : (다 듣고도 못 듣는 척 능청스럽게) 아이고, 집에서 푹 끓인 전복 죽, 나 모르게 우리 아들내미가 지 마누라한테만 끓여 주던 그 전복죽도 못 먹어 보고 내가 이렇게 죽는구나.

대근 : (눈꼬리를 치뜨며) 봉근이, 너 이놈의 자식…….

봉근 : 아버님, 그, 그게 말입니다…….

갑순 : 내가, 내가 이렇게 기력이…….

갑순, 갑자기 말을 멈추고 고개를 떨어뜨린다.

대근, 자리에서 벌떡 일어난다.

대근 : (결심했다는 듯이 두 눈을 질끈 감고) 아범아, 찹쌀 씻어서 전복
　　　죽 끓일 준비해라. 내 얼른 전복 사 올 테니.

봉근 : (어리둥절한 표정으로 거수경례를 붙이며) 예, 예. 충성!

봉근이 부지런히 전복죽을 끓이는 동안, 대근이 식탁에 행주질을 하고 수저
를 놓는다.

대근 : (민망한 듯 기침을 해 대며) 에헴, 에헴! 아범은 행동이 왜 그렇
　　　게 느려 터졌냐? 죽 처음 끓여 보냐? 당장 가서 네 어머니하
　　　고 처, 불러와라. 사람이 먹어야 살지, 안 먹으면 죽는다.

봉근 : 예. (쭈뼛쭈뼛) 그럼, 여기 국자하고 사발이 있으니까 아버님
　　　께서 좀 퍼 담으십시오.

대근 : 에헤에에엠.

대근이 투덜거리면서도 조심조심 죽을 푼다.

여진, 무대 한구석에 등장.

여진 : 세상에나, 정말이지 사람은 오래 살고 볼 일이라니까요.

여진, 퇴장하고 네 식구가 식탁에 둘러앉아 부지런히 수저질을 한다. 아무도 말을 하지 않고 조용한 가운데, 대근이 헛기침을 연속적으로 하며 시선을 끌어모은다.

대근 : 추석이 다음 주냐?

일동, 침묵한다.
대근은 버럭 화를 내려다가 참는다.

대근 : 이번 추석에는 바깥사돈하고 바둑 한 판 두는 것도 나쁘지 않을 것 같구나.

갑순, 복녀, 봉근, 놀라서 대근을 쳐다본다.

복녀 : 그럼 음식 준비도 같이 하는 건가요?

봉근 : (아내의 허리를 꼬집으며) 여보, 그건 나중에 나랑 이야기…….

대근, 그냥 헛기침만 한다.
갑순, 대근의 손을 다잡는다.

갑순 : 나중에 딴말하는 거 아니죠? (대근의 얼굴을 살피며) 아이고, 우리 영감이 개과천선하셨구려. 내 온갖 시름이 다 없어지는 것 같소. 주름살이 싹 펴지고 체중이 확 가시네.

복녀 : 저희 부모님께 연락드려야겠어요. 음식은 식구들 맛나게 먹을 정도만 하고 재밌게 놀아요. 윷놀이도 하고…….

봉근 : 여보, 윷놀이는 설날에 하는 건데…….

네 식구가 웃고 있는 가운데 여진이 나타나서 식탁에 앉는다.

여진 : 아빠, 윷놀이를 꼭 설날에만 하라는 법 있나요? 올해는 정말 외할아버지, 외할머니 보러 가는 거죠? 매번 명절 때면 할머니랑 엄마 보면서 난 절대 결혼 같은 건 하지 말아야지 생각했는데…….

대근 : 어린 것이 못 하는 소리가 없구나.

여진 : 그런데 이제 생각이 좀 바뀔 것 같아요. 물론, 재밌게 놀아 봐야 알겠지요.

복녀와 갑순이 여진의 머리를 쓰다듬는다.
그 뒤로 대근과 봉근이 다가선다.

가까이 모여선 가족이 손나팔을 하고 외친다.

다 같이 : 명절에는 다 같이 웃어 봅시다!

1. 우리 사회에는 여전히 명절은 아버지의 가족들과 보내는 것이 당연하다고 생각하는 사람들이 많습니다. 우리 가족의 명절 모습은 어떤지 생각해 보고 좋은 점과 고쳐야 할 점을 이야기해 봅시다.

2. 마당극에서 가장 인상적인 인물은 누구인가요? 친구들과 실제로 마당극을 연기해 보고 자신의 역할에 대해 분석해 봅시다.

3. 동화 써 보기
새로 쓴 '신' 데렐라

옛날 옛적 어느 마을에 신데렐라라는 이름을 가진 소녀가 살았어요. 신데렐라는 어머니를 일찍 여의고 계모와 두 의붓언니의 눈치를 보며 살았지요. 아버지가 돌아가시자 신데렐라는 완전히 구박 덩어리가 되었어요. 집안일에 밭일까지 모두 신데렐라 차지가 되었답니다. 하지만 신데렐라는 일하는 틈틈이 들꽃을 구경하고 새소리를 들으며 즐겁게 살았어요.

어느 날, 왕궁에서 성대한 무도회가 열린다는 소식이 들려왔어요. 마을 아가씨들은 모두 기뻐했지요. 왕자님이 무도회에서 신붓감을 구한다고 했거든요. 신데렐라의 두 언니들도 잔뜩 흥분하여 옷을 산다, 구두를 산다, 피부 관리를 받는다, 야단법석을 떨었어요.

신데렐라 역시 나이가 나이인지라 무도회에 참석하고 싶었지요. 하지만 언니들은 그런 신데렐라를 놀려 댔어요.

"너 설마 그 꼴로 무도회에 갈 생각을 하는 건 아니겠지?"

큰언니가 비꼬듯이 말했어요.

"저런 거지꼴로는 무도회장에 입장도 할 수 없을걸?"

작은언니가 신데렐라의 어깨를 힘껏 밀어 넘어뜨렸답니다.

하지만 신데렐라는 포기를 모르는 씩씩한 소녀였어요. 혼자 눈물짓기보다는 할 수 있는 만큼 최선을 다하는 아가씨였지요. 신데렐라는 언니들이 쓰레기통에 버린 드레스를 가져다가 깨끗이 빨고 꼼꼼히 수선했지요. 입어 보니 그럭저럭 잘 맞았어요. 그런데 구두가 문제였어요. 신데렐라는 다시 한 번 쓰레기통을 뒤져 언니들이 버린 구두를 찾아냈어요. 하지만 구두가 너무 커서 자꾸만 발에서 벗겨졌어요.

신데렐라는 그 구두를 품에 안고 구두장이를 찾아갔어요.

"구두장이님, 구두장이님. 구두가 너무 크네요. 제 발에 맞게 고쳐 주실 수 있나요?"

"그럼요. 구두장이는 못하는 게 없는 사람인걸요. 자, 발을 내밀어 보세요."

구두장이는 재치 있고 명랑한 사람이었어요. 신데렐라는 구두장이의 유쾌한 농담에 자신도 모르게 위로를 받았어요. 모르는 것은 거침없이 물어보고 깔깔깔 큰 소리로 웃는 신데렐라의 모습에 구두장이도 마음이 끌렸어요. 구두장이는 아주 천천히 구두를 고치면서 대화를 이어 갔지요. 그런데 그만!

"아악!"

신데렐라의 얼굴을 훔쳐보던 구두장이가 못을 치려던 망치로 자기 손을 찍고 말았어요.

"괜찮으세요?"

"이 정도야 뭐. 괜찮습니다."

"괜찮긴요. 피가 아주 많이 나는데요."

신데렐라는 급히 치맛단을 찢어서 구두장이의 다친 엄지를 꽁꽁 싸맸어요. 구두장이의 두 볼이 빨개졌지만, 신데렐라는 눈치 채지 못했답니다.

무도회가 하루 앞으로 다가왔어요. 어렵게 수선을 마친 구두장이가 구두를 가지고 신데렐라를 찾아왔어요. 신데렐라는 밭에서 열심히 일을 하고 있었답니다.

"신데렐라 아가씨, 구두를 가져왔어요."

"어머나, 일이 많아서 못 가고 있었는데, 직접 가져다주시다니 정말 친절하시네요."

"뭘요. 구두가 마음에 들었으면 좋겠네요."

구두장이가 온갖 정성을 들여 고친 구두는 세상 그 어떤 구두보다 아름다웠어요.

"세상에, 이렇게 예쁜 구두는 태어나서 처음이에요."

신데렐라가 구두를 보며 감탄하자 구두장이의 눈빛도 기쁨으로 환해졌어요. 구두장이는 밭두렁에 앉아 신데렐라에게 올해 밭농사가 어떤지 물어보았어요. 신데렐라는 신바람이 나서 자식처럼 귀여워하며 키우는 채소들 이야기를 한참 동안이나 늘어놓았답니다. 어느새 해가 저물기 시작하고 두 사람은 아쉬운 이별을 해야 했어요.

"내일이 무도회네요."

"네. 드디어 내일이에요."

신데렐라의 눈이 기대와 설렘으로 반짝였어요. 그런 신데렐라를 바라보는 구두장이의 눈에 왠지 모를 슬픔이 어렸습니다.

모두가 잠든 밤, 신데렐라는 다락방에 올라가 몰래 구두를 신어 보았어요. 구두는 신데렐라의 발에 꼭 맞아서 아무것도 신지 않은 것처럼 편안했어요.

'당신의 발은 세상에서 가장 아름다워요.'

신데렐라는 자기 발을 어루만지던 구두장이의 부드러운 손길이 떠올라 남몰래 얼굴을 붉혔답니다.

드디어 무도회 날이 밝았어요. 언니들은 요란하게 화장하고 드레스를 챙겨 입느라 온 집안을 들쑤셔 놓았어요. 계모가 언니들을 데리고 마차에 올라탔지요.

"신데렐라, 네가 할 일을 말해 주마. 첫 번째, 청소! 두 번째, 빵 굽기! 세 번째, 잼 만들기! 다 하지 못했다간 쫓겨날 줄 알아라."

신데렐라는 집안 청소를 끝내고 빵을 굽고 딸기잼을 만든 뒤, 준비해 둔 드레스를 입고 구두를 신었지요. 자꾸만 구두장이가 생각났지만 애써 발걸음을 재촉했어요. 마차 탈 돈이 없는 신데렐라는 걸어서 무도회장까지 가야 했거든요. 새로 산 구두라면 발이 까졌을 텐데 구두장이의 손을 거친 구두는 신데렐라의 발을 포근히 감싸 주었답니다.

먼 길을 걷는 사이에 어느새 해가 저물기 시작했고, 신데렐라가 무도회장에 도착했을 때는 이미 깜깜한 밤이 되었지요. 무도회장 밖에서 들여다보니 모두들 삼삼오오 모여서 이야기꽃을 피우고 있었어요.

기운이 쭉 빠진 신데렐라는 무도회장에 들어가는 대신 정원의 후박나무 아래 앉아 새소리를 들으며 눈을 감았어요. 그때 누군가의 발자국 소리가 들렸어요. 그곳에 서 있는 사람은 멋지게 차려입은 왕자님이었지요.

"새소리를 좋아하나 봐요."

왕자는 자신에게 잘 보이려고 애쓰는 아가씨들에게 싫증이 나 있던 참이었어요.

"그럼요. 매일 아침 새소리를 들으며 잠에서 깨고, 밭에서 일을 하다가도 잠시 쉬면서 새소리를 듣고, 집에 돌아가는 길에도 새소리를 듣는걸요."

"밭에서 일을 한다고요? 정원을 가꾼다는 말인가요?"

"이렇게 멋진 정원 대신 밭에서 감자와 고구마를 키운답니다. 심심할 때는 들꽃을 꺾어 반지와 왕관도 만들지요."

'이런 아가씨는 처음인데?'

왕자는 여느 아가씨들과 다른 신데렐라에게 강한 호기심을 느꼈어요. 하지만 괘종시계가 열두 번 울리자 신데렐라는 화들짝 놀라며 일어섰어요.

"전 이만 가 봐야 해요."

"잠깐만. 저에게 이 나라에서 제일 빠른 마차가 있어요. 이쪽으로 오세요."

　신데렐라는 왕자의 마차 덕분에 계모와 언니들보다 빨리 집에 도착할 수 있었어요. 왕자가 마차 안에서 신데렐라에게 노골적으로 호의를 보였지만, 신데렐라는 기분이 좋지 않았어요. 왕자는 신데렐라의 집안 사정을 함부로 물어보더니, 아버지가 돌아가신 게 계모의 음모 때문이라고 멋대로 단정지었어요. 그리고 신데렐라가 정신을 똑바로 차리고 계모와 언니들에게 복수를 해야 한다고 주장했지요. 신데렐라가 그럴 마음이 없다고 하자 왕자는 신데렐라가 지나치게 순진하다고 비난하기 시작했어요.
　"왕자님. 저를 걱정해 주시는 건 좋지만 이제 그만하셨으면 해요."
　"이게 다 당신을 위한 거예요. 당신은 속고 있는 거라고요."
　왕자는 자기가 아는 아가씨들의 집안 이야기를 마구 떠벌리면서, 신데렐라에게 자기가 힘이 되어 줄 테니 믿고 따르라고 호언장담했어요. 왕자는 신데렐라가 자신의 구두만 바라볼 뿐 왕자의 이야기는 전혀 듣지 않는다는 사실은 눈치채지 못하고, 자기 말만 떠들어 대다가 돌아갔답니다.
　왕자가 돌아간 뒤 신데렐라는 한숨도 자지 못했어요. 왜 그렇게 가슴이 뛰고 화가 나는지 도무지 알 수 없었어요. 어디 하소연할 곳도 없는 신데렐라는 구두장이가 고쳐 준 구두를 손에 꼭 쥐고 이렇게 말했어요.

"자기 손으론 아무것도 할 줄 모르면서 세상을 다 가진 것처럼 떠들어 대다니, 정말 기분 나빠."

그렇게 말하고 나니 한결 마음이 편해졌어요.

다음 날 아침이 밝았어요. 왕자는 호화로운 마차를 타고 수많은 시종들을 거느리고 신데렐라의 집을 찾아왔지요. 계모와 언니들은 왕자님의 행차에 놀라서 서둘러 치장을 했지만, 왕자는 그들을 의미심장한 눈빛으로 노려본 다음, 신데렐라의 이름을 큰 소리로 불렀어요. 하지만 신데렐라는 재투성이 얼굴을 닦으려고도 하지 않고, 아궁이 앞에서 묵묵히 불을 땔 뿐이었지요.

"신데렐라. 내가 왔소! 이 재투성이 인생에서 내가 당신을 구원해 주겠소."

계모와 언니들, 그리고 마을 사람들은 모두 왕자의 청혼에 놀라 까무러칠 지경이었답니다. 하지만 정작 더 놀랄 일은 그 다음에 벌어졌어요.

"아니요. 왕자님은 저를 구해 주실 필요가 없어요."

"아니, 신데렐라! 어제 내가 그렇게 알아듣도록 이야기를……."

"저는 당신과 결혼할 마음이 전혀 없어요."

신데렐라가 단호하게 말하자 왕자는 화를 내기 시작했어요.

"나는 당신에게 한눈에 반했단 말이오! 나는 이 나라의 왕자인데, 어떻게 감히!"

"저한테는 사랑하는 사람이 있어요."

"사랑하는 사람? 한 나라의 왕자인 나를 마다하고 누구를 택하겠다는 거요?"

신데렐라는 몰려든 사람들을 빙 둘러보다가 방긋 웃음을 지었어요. 그리고 그쪽을 향해 손을 내밀었어요. 거기에는 두 볼만이 아니라 귓불까지 새빨개진 구두장이가 서 있었답니다.

신데렐라와 구두장이가 두 손을 마주 잡자 왕자는 청혼하려고 준비해 온 다이아몬드 반지를 바닥에 내팽개치고 집을 떠났어요. 계모는 서둘러 반지를 주어서 앞치마에 감추고 입을 닦았고, 의붓언니들은 흡족한 미소를 지었답니다.

두 사람이 오래오래 행복하게 살았냐고요? 어떨 것 같나요? 뒷이야기는 여러분의 상상에 맡기겠습니다.

1. 여러분이 알고 있는 '신데렐라'와 새로 쓴 '신' 데렐라는 어떤 차이를 가지고 있나요? 여러분이 신데렐라라면 어떤 선택을 할지 생각해 보고, '신데렐라'와 '신' 데렐라의 입장이 되어 토론해 봅시다.

2. 우리가 알고 있는 동화 중에는 전통적이고 수동적인 여성상이 낭만적으로 포장된 경우들이 많습니다. 널리 알려진 동화 중 하나를 골라 현대적인 시각으로 고쳐 써 봅시다.

세상 돋보기

1. 클릭, 클릭!
몸도 마음도 건강하게 해 주는 사이버 공간

함께 성장하는 교육, 인문학 충전 100%

하자센터 http://haja.net
교육공동체 나다 http://nada.jinbo.net
인디고 서원 http://www.indigoground.net
민들레 http://www.mindle.org
대안교육연대 http://www.psae.or.kr

즐겁게 놀아 보세, 청소년 마당

10대 커뮤니티 포털 사이트 아이두 http://www.idoo.net
청소년 포털 사이트 Youth www.koreayouth.net
십대들의 쪽지 http://teen4u.co.kr
한국청소년방송 http://www.kybc.org

고민 있어요, 도와주세요~

한국성폭력상담소 http://www.sisters.or.kr
한국민우회성폭력상담소 http://fc.womenlink.or.kr
한국여성의 전화 http://www.hotline.or.kr
늘푸른여성지원센터 http://1318.seoul.go.kr
아하, 청소년성문화센터 http://www.ahacenter.kr
언니네 지식놀이터 http://www.unninet.net/know
탁틴내일 탁틴세상 http://www.tacteen.net
한국청소년상담원 http://www.kyci.or.kr
헬프콜(help call) 청소년 전화 1388 http://www.1388.or.kr

2. 세상의 절반, 여성주의 충전!

읽어 보아요 : 여성학/여성주의에 대해 알고 싶어요!

페미니즘의 도전, 정희진 지음, 교양인

행복한 페미니즘, 벨 훅스 지음, 박정애 옮김, 백년글사랑

여성주의, 남자를 살리다, 권혁범 지음, 또하나의문화

언니네 방, 언니네 사람들 지음, 갤리온

언니네 방2, 언니네 사람들 지음, 갤리온

남자가 월경을 한다면, 글로리아 스타이넘 지음, 양이현정 옮김, 현실문화연구

네 방에 아마존을 키워라, 베티 도슨 지음, 곽라분이 옮김, 현실문화연구

으랏차차 청소녀를 위한 호신 가이드, 한국성폭력상담소

(• '호신 가이드'는 한국성폭력상담소 홈페이지에서 구입하실 수 있습니다.)

함께 보아요 : 용감하고 자유로운 여성들이 나오는 영화를 보고 싶어요!

바그다드 까페, 퍼시 애들론 감독, 1988

뮤리엘의 웨딩, 제인 캠피온 감독, 1990

프라이드 그린 토마토, 존 애브넛 감독, 1991

처음 만나는 자유, 제임스 맨골드 감독, 1999

에린 브로코비치, 스티븐 소더버그 감독, 2000

고양이를 부탁해, 정재은 감독, 2001

가족의 탄생, 김태용 감독, 2006